融合与践行

——淄博红色文化融入高校思政教育研究

王荣敏　王　敏　李广志　王延雨　王黎重 ◎ 编著

中国书籍出版社
China Book Press

前 言

2019年3月18日，习近平总书记主持召开学校思想政治理论课教师座谈会并发表重要讲话，要求思政课教师必须具备"政治要强、情怀要深、思维要新、视野要广、自律要严、人格要正"六种素养，强调推动思想政治理论课改革创新，要不断增强思政课的思想性、理论性和亲和力、针对性，要坚持"八个相统一"，为思想政治理论课的改革创新指明了方向。

育人之本，在于立德铸魂。作为高校思政课教师，在教学实践中，我们思考最多的是如何将党和国家对思政课教师的要求落实在实际工作中，如何将爱国主义和"四个自信"教育贯穿于思政课建设的全过程，提升思想政治教育的针对性和实效性。2021年，恰逢中国共产党成立一百周年，习近平总书记在党史学习教育动员大会上的讲话给了我们深刻启示：红色文化是中国共产党及其领导的革命、建设和改革成功经验的历史积淀，具有鲜明的时代主题，有着不可替代的时代价值。深入发掘淄博红色文化的价值意义，实现淄博红色文化与高校思想政治教育的有机融合，能够充分发挥红色文化的教化作用、凝聚作用、规范作用、传承作用、导向作用和激励作用，增强大学生对红色文化的自信与认同，提高思想政治教育的实效性。

在清晰目标的引导下，在淄博市委党史研究院的大力支持和帮助下，我们将多年积累的经验进行了梳理，发现淄博的红色文化具有深厚的历史底蕴和丰富的精神内涵，是淄博不可磨灭的记忆，是新时代前行的精神宝藏，能够为淄博的腾飞注入强大的精神动力。习近平总书记强调指出："把红色资源利用好，把红色传统发扬好，把红色基因传承好。"作为高校思政课教师，我们将关注点放在了如何"有机融合"上。本书在红色人物、红色事件的选取上，主要考虑两个标准：一是在淄博革命和建设时期影响大、得到公认的；二是有纪念场馆或基地，便于青年学生参观、研学。在"有机融合"的途径上，我们总结了学校多年来此项工作的成功经验和做法，同时也学习借鉴了其他高校在此方面的理论和实践成果。

我们希望通过自身的努力，发挥淄博红色资源的作用，加深学生对红色文化的理解，提升学生的思想政治素质，让爱国主义、红色传统、红色精神真正入脑入心、走深走实、见行见效，以达到思想政治教育的目的。同时也能够为淄博红色文化的弘扬和传承尽到微薄之力，对教育同仁有一定的启发和借鉴意义。

编 者

2021 年 7 月

目 录

第一章　红色文化及其重要作用 ………………………………………… 1

第二章　淄博红色文化资源 ……………………………………………… 15
　第一节　淄博红色历史 ………………………………………………… 16
　第二节　淄博红色历史事件 …………………………………………… 24
　第三节　淄博红色人物 ………………………………………………… 34

第三章　淄博红色文化有机融入高校思政教育 ………………………… 59
　第一节　红色文化与思政课程的有机融合 …………………………… 60
　第二节　倾力打造"淄"味芬芳的红色校园文化 …………………… 80
　第三节　协同育人无缝衔接 …………………………………………… 86

第四章　淄博红色文化研学 ……………………………………………… 89
　第一节　淄博红色文化研学基地 ……………………………………… 90
　第二节　构建淄博红色文化研学体系 ………………………………… 108

参考文献 …………………………………………………………………… 119

后记 ………………………………………………………………………… 128

第一章

红色文化及其重要作用

一、红色文化的内涵

红色文化最早产生于革命战争年代,是由中国共产党人、先进分子和人民群众共同创造并极具中国特色的先进文化,蕴含着丰富的革命精神和厚重的历史文化内涵。

近代以来,中华民族饱经沧桑,受尽欺辱,人民群众深受帝国主义、封建主义、官僚资本主义三座大山的压迫。为了摆脱困境,无数仁人志士探索救亡图存之路,但最终都失败了。只有中国共产党站在人民的立场上,维护最广大人民的根本利益,带领全国各族人民英勇斗争,最终取得了新民主主义革命和社会主义革命的胜利。在光荣革命、艰苦建设和改革创新的过程中诞生了具有科学性、革命性、人民性、时代性的红色文化。

当前学界对红色文化的界定各有不同,主要是对红色文化产生和发展的历史跨度存在争议,大致划分为两种观点:第一类观点是将红色文化限定在革命战争时期,认为红色文化指的是自中国共产党诞生以来,为实现中华民族的独立、解放与自由,在长期的革命战争年代形成的一系列的革命文物、革命文献、文艺作品、革命纪念地、战争遗址、革命领袖人物故居、革命根据地以及凝结在其中的革命精神和革命道德传统;或者认为红色文化是在新民主主义革命时期,在中国共产党的领导下,由中国共产党人、一切先进分子和人民群众共同创造的具有中国特色的先进文化。第二类观点是将红色文化进行了广义和狭义的区分,在历史跨度上不再局限于革命战争时期,认为红色文化贯穿于革命、建设、改革三个历史时期,从广义上来讲,红色文化要从世界社会主义和共产主义运动的整个历史过程中形成的人类文明进步的总和来界定,可以把它归结为世界社会主义运动历史进程中人们的物质力量和精神力量所达到的程度、方式和成果;而从狭义上来理解红色文化,特指在新民主主义革命、社会主义革命和改革开放实践中,中国共产党在马克思主义指导之下创造出来的各种物质财富和精神财富的总和,即中国共产党领导人民在追求民族解放、人民幸福以及国家富强的过程中创造与积累的历史财富与文化资源共同构建了红色文化，它是中国人民努力奋斗、艰苦创业、坚定推进马克思主义中国化的过程性记录和真实性表征。另外，此种观点认为，红色文化不应仅局限于革命战争年代，和平建设时期和改革开放时期都可以看到红色文化的身影，如社会主义建设时期的雷锋精神、铁人精神等，改革开放时期的载人航天精神、丝路精神等。

对红色文化进行的广义和狭义的区分确有合理之处。广义的红色文化是指中国人民从民主主义革命时期开始艰难寻找救国救民的道路、顽强抵抗帝国主义的侵略及积极探索富国强民的道路中产生的物质、精神财富的总和；而狭义的红色文化指在马克思列宁主义的指导下，中国共产党在吸收中华优秀传统文化的基础上，团结带领中国各族人民在革命、建设和改革的实践中创造出来的精神财富的总和，而这种精神财富又可以通过物质形式和制度形式表现出来。二者的区别在于：第一，时间跨度不同，广义的红色文化时间节点为1840年至今，而狭义的红色文化时间节点为1921年至今；第二，创造主体不同，广义红色文化的创造主体具有多样性，而狭义红色文化的创造主体就是工人阶级，甚至可以说是工人阶级的先锋队组织——中国共产党；第三，指导思想有差别，广义红色文化的指导思想比较多样，但狭义红色文化的指导思想只能是马克思列宁主义。

结合以上论述，为便于开展研究、准确把握方向和内容，本书所研究的红色文化贯穿了中华民族革命、建设、改革的三个历史时期，具体来说，它形成于新民主主义革命时期，发展于社会主义建设时期，壮大于改革开放时期，是中国共产党在马克思主义理论的科学指导下，在追求民族解放、人民幸福以及国家富强的过程中产生的物质及精神财富的总和，蕴含丰富的革命精神和深厚的历史文化内涵。

因此，本书提出的"淄博红色文化"的概念，是指在中国革命、建设和改革的大背景下，在中国共产党的带领和马克思主义理论的指导下，在淄博地区的革命、建设和改革实践过程中产生的物质和精神财富的总和。

二、新时代关于红色文化的论述

长久以来，社会各界人士对红色文化都有较为丰富的阐述，包括红色文化的构成、特征、内容、规律、发展、建设、经验、影响、价值等一系列宏大问题和诸多细微之处，譬如红色文化的历史变化、基本内涵、实践过程、时代价值、未来方向等。同时，我们党也多次对红色文化进行了专门论述，比如，毛泽东、邓小平、江泽民和胡锦涛等都曾论述过井冈山精神、长征精神、西柏坡精神等，为新中国成立作出伟大贡献的英雄模范人物题字，针对较多有重大纪念意义的历史事件进行论述等。毛泽东是推进中国红色文化产生和发展的主要领导人之一，他将马克思主义基本原理与中国革命的具体实际相结合而开创了"工农武装割据"的中国革命新道路，提出"全心全意为人民服务"是党的唯一宗旨以及"从群众中来、到群众中去"的思想方法和工作方法，这些理论构成了中国红色文化发展的灵魂、脊梁和路径。1984年8月，邓小平亲自为西柏坡纪念馆题写馆名，体现了他对缅怀革命先烈、传承革命精神的高度重视；其后，江泽民、胡锦涛也数次为红色纪念馆题词等，都体现了我们党对传承和发扬红色文化的充分重视。

中国特色社会主义进入新时代之后，在新的历史条件下，以习近平同志为核心的党中央高度重视红色文化建设，不仅强调历史是最好的教科书、中国革命历史是最好的营养剂，还多次强调要把红色资源利用好、把红色传统发扬好、把红色基因传承好。

（一）新时代关于红色文化论述的基本特征

新时代关于红色文化的重要论述及其基本内容和核心要义，是马克思主义中国化的最新理论成果之一，既有深厚的历史文化渊源，也有丰富的社会实践经验积累，还有博大精深的马克思主义理论指导。

1.具有深厚的理论基础和鲜明的实践根基

新时代关于红色文化论述的理论基础来自于马克思主义经典著作的系统理论阐述以及中国化的马克思主义理论成果和中华优秀传统文化，马克思主义基本原理与中国国情的结合催生了宏大的符合中国国情的理论成果，这些成果为党对红色文化进行论述提供了丰富的理论支持；其实践根基主要是社会主义事业不断发展，特别是新时代中国特色社会主义事业发展过程中不断积累的实践素材，是新时代社会主义文化大发展大繁荣的景象，更是不忘初心、牢记使命，弘扬和传承优秀红色文化的具象。此外，这种实践基础还包括党和国家领导人的个人成长环境、家风家教传承、工作经历与体悟、领导岗位的历练、治国理政的思想和理念等。

2. 体现了浓厚的时代特色

2017年10月31日，党的十九大闭幕仅一周，习近平总书记便带领中共中央政治局常委赴上海瞻仰中共一大会址、赴浙江嘉兴瞻仰南湖红船，追溯党的根脉，再次提及"红船精神"的具体内涵、时代价值以及历史意义，这是我们党关于红色文化论述的重要内容，具有相当程度的现实指导意义，彰显了鲜明的时代特色和价值。不同时期党对红色文化重要思想理念的充实、演进、升华和实践化、政策化等，都体现出其理论的全面发展和对现实的具体指导。这个过程伴随中国特色社会主义事业的不断推进，迎合时代的变化和社会的进步，具有浓厚的时代性，也从客观上反映了人类社会思想产生和发展的外部动力和客观遵循。

3. 彰显了系统性、逻辑性和现实性

新时代关于红色文化的论述，来源于中国革命、建设与改革的伟大实践，是习近平新时代中国特色社会主义理论体系的重要组成部分。它是依据马克思主义基本原理，对中华优秀传统文化、优秀革命文化的继承、发展与创新；是牢固树立社会主义核心价值观、坚定文化自信、建设文化强国的理论基础；是全面加强党的建设、推进改革开放和社会主义现代化建设、实现中华民族伟大复兴中国梦的强大精神力量和道德支撑。

传承红色基因，是党关于红色文化论述的核心；弘扬红色精神，是党关于红色文化重要论述的实践品质；传承红色文化，是党关于红色文化重要论述的最高追求。此外，从军队建设和国防建设的角度，倡导传承红色基因；从坚持党的领导，实现党长期执政的角度，倡导弘扬红色精神，宣传红色文化；从增强文化自信的角度，倡导传承红色文化；从培育社会主义事业的建设者和接班人的角度，强调运用红色文化；从实现全民教育的角度，着重在学校、军队以及共产党员尤其是党的领导干部中，要实现红色文化教育理论与实践的结合。新时代我们党关于红色文化的论述，以其鲜明的特征证明了其具体内容的全面性、丰富性和多元性。

（二）新时代关于红色文化论述的基本内容

新时代关于红色文化论述的内涵十分丰富。梳理、总结党关于红色文化的重要论述，能够感受到这些思想观点和主张的基本定位与形态。

1. 继承红色基因是新时代对红色文化论述的核心思想

红色基因是由习近平总书记在2013年2月4日考察兰州军区时首次提出的。他指出：要发扬红色资源优势，深入进行党史、军史和优良传统教育，把红色基因一代代传下去。2014年习近平总书记在南京军区调研时又屡次强调，要让红色基因代代相传；在纪念红军长征胜利80周年大会上习近平总书记再次指出："伟大长征精神作为中国共产党人的红色基因和精神族谱的重要组成部分，要大力弘扬。"

从生物学角度上，基因支持着生物的基本构造与性能，蕴含着生命的种族、血型、孕育、生长、死亡等所有过程的全部信息。对红色文化来说，红色基因就像基因对于生命体一样重要。红色基因是党领导革命、建设与改革过程中的先进思想的表现形式，是中国共产党优良传统和精神品质的载体。作为红色精神的遗传物质和红色文化的内在本质，红色基因具体表现为：

第一，坚定的理想信念，它是红色基因的核心内容。中国共产党成立之初就把实现共产主义作为党的最高纲领，共产主义的远大理想也是党的奋斗目标。习近平总书记强调，红军长征能够取得胜利的最主要原因就是中国共产党具有崇高的理想和坚定的信念，这是支撑中国共产党不畏艰难险阻、奋勇向前的内生动力。也正是因为革命战争年代无数党的仁人志士表现出来的不畏艰险、百折不挠的精神，中华民族才能够取得民族独立、人民解放。

第二，不屈的奋斗精神。习近平总书记强调，必须发扬井冈山精神、长征精神等优秀红色精神；要学习革命英雄为了实现革命目标，克服千难万险，走遍千山万水的奋斗品格；要充分运用红色文化资源进行思政教育，引导广大党员为革命老区服务，改善革命老区经济社会状况，推进军民融合，全面建成小康社会。在新的历史条件下，为了实现中华民族伟大复兴的中国梦，必须要把中国共产党特有的艰苦奋斗精神和作风发扬下去，让红色基因在新时代焕发出新的活力。

第三，全心全意的群众观。党坚持历史唯物主义世界观和方法论，认为历史是由人民创造的。习近平总书记反复强调，我们党要一切为了群众、一切依靠群众，从群众中来，到群众中去，维护群众的根本利益，还要信任群众、团结群众、热爱群众，只有这样才能真正得到人民群众的拥护和支持。党把全心全意为人民服务作为自己的宗旨，始终同人民群众保持血肉联系。而继承弘扬红色基因的一项重要内容，就是始终坚持为人民服务的宗旨，将以人为本、执政为民的原则贯穿于每一项具体工作中。

2. 弘扬红色精神是新时代对红色文化论述的实践品格

红色精神是我们党在实现民族独立、人民解放、国家富强、人民富裕的过程中，在特殊的时间、地点条件下实践得来的重要精神财富；是在马克思主义理论的指导下，中国共产党人艰辛探索和责任担当的凝结，是赤胆忠诚与奋斗牺牲的沉淀，是我们赓续光荣、走向未来的强大动力。1921年中国共产党成立以来，我们党在前进的道路上走过了不同的历史阶段，孕育了很多红色精神，比如红船精神、老区精神、遵义会议精神、西柏坡精神、沂蒙精神、吕梁精神、长征精神、抗战精神、大别山精神、苏区精神、延安精神和井冈山精神等。

在新的历史时期，红色精神不但没有褪色，反而散发出更加灿烂的光芒，呈现出新的时代特征。新中国成立后的大庆精神、"两弹一星"精神、抗洪精神，到当今的女排精神、抗疫精神等，都在中华民族的土地上散发出夺目的精神之光，它们是在党的领导下，由无数共产党员参与创造、发扬的精神品质，与革命时期的红色精神一脉相承并不断充实，具有相同的精神风貌和内核。中国特色社会主义进入新时代的实践，也赋予了红色精神新的内涵。纵观红色精神的发展历史，我们会发现，红色精神是中国共产党人在新民主主义革命与社会主义建设过程中提炼的精神总结，是马克思主义与中国实际相结合的产物，是中国精神的具体表现，与时代精神相辅相成，保有相同的底色。红色精神是一种在党的领导下，激励中华民族团结奋斗、众志成城，为实现中华民族伟大复兴而努力奋斗的伟大精神。

我们党和国家领导人多次谈到红色文化中彰显的精神及其丰富内涵，并对红色精神予以阐释。习近平总书记在纪念红军长征胜利八十周年大会上提出：伟大长征精神，就是把全国人民和中华民族的根本利益看得高于一切，坚定革命的理想和信念，坚信正义事业必然胜利的精神；就是为了救国救民，不怕任何艰难险阻，不惜付出一切牺牲的精神；就是坚持独立自主、实事求是，一切从实际出发的精神；就是顾全大局、严守纪律、紧密团结的精神；就是紧紧依靠人民群众，同人民群众生死相依、患难与共、艰苦奋斗的精神。他还强调长征精神最重要的就是理想信念，这是对长征精神最精确凝练的表达。在谈到苏区精神时，习近平总书记把"坚定信念、求真务实、一心为民、清正廉洁、艰苦奋斗、争创一流、无私奉献"作为苏区精神的主要内涵。习近平总书记认为对红色精神的学习和传承非常重要，不仅广大青年学生要学，全社会都要学。他明确指出，应该了解这些红色精神的重大意义，把红色精神发扬光大，这样不仅有利于发挥革命精神的感染力，还能够为中华民族伟大复兴的事业提供强劲动力。

红色精神能为党的建设提供营养剂。习近平总书记高度重视红色精神的营养作用，鼓励广大党员要多参加红色基因教育，多吸取红色养分。他在评价焦裕禄精神时说："焦裕禄精神不管什么时候，它都是亿万中华儿女心中一种永垂不朽的精神品格，永远是激励中国共产党人艰苦奋斗、勤政为民的精神动力。加强和改进干部作风建设，要不断深入学习焦裕禄精神。"在延安考察期间，习近平总书记提出："弘扬延安精神，要把坚定正确的政治方向放在第一位，牢记全心全意为人民服务宗旨，坚持解放思想、实事求是、与时俱进，始终牢记'两个务必'，保持延安时期那么一种忘我精神、那么一股昂扬斗志、那么一种科学精神,为建设和发展中国特色社会主义不懈奋斗。"在山东临沂视察时,习近平总书记也明确指出:"革命胜利来之不易,主要是党和人民水乳交融,党把人民利益放在第一位,为人民谋解放,人民跟党走,无私奉献……沂蒙精神是党和国家的宝贵精神财富,要不断结合新的时代条件发扬光大。"在纪念抗日战争胜利69周年的座谈会上,习近平总书记指出:"伟大的抗战精神,是中国人民弥足珍贵的精神财富,永远是激励中国人民克服一切艰难险阻、为实现中华民族伟大复兴而奋斗的强大精神动力。"老一辈的共产党人遗留下的革命优良传统和良好工作作风以及培育形成的红色精神,为我们建党、治党提供了宝贵经验,新时期全面从严治党需要继续从红色精神中汲取力量,并在中华民族迈向伟大复兴的道路上不断自我升华。

3. 传承红色文化是新时代对红色文化论述的目标指向

党对红色文化的论述本身具有深刻的内涵,反映了中国共产党人的革命传统和优良作风,彰显了党的政治品格和追求。传承红色文化,是党对红色文化重要论述的根本目标。新时代党的诸多论述充分表明了红色文化的历史意义与当代价值,其当代价值的呈现是通过培育和践行社会主义核心价值观实现的,文化自信的提升也可以伴随红色文化的传播和发展来实现。

在党的十九大中,习近平总书记强调文化是一个国家乃至民族的根本,中华民族的伟大复兴需要以高度的文化自信和繁荣作为支柱,红色文化是中华民族生存发展过程中孕育出的宝贵的资源,是中华民族的重要精神财富,体现了中国共产党孜孜以求、不畏艰险、艰苦奋斗的精神品质,因此传承红色文化,有利于中华民族在坚持和发展中国特色社会主义的过程中坚定文化自信,增强文化软实力。

新时代传承红色文化与增强文化自信是相辅相成的关系。一方面,传承红色文化,有利于增强文化自信。红色文化是中国革命实践的产物,也是马克思主义中国化的理论成果和精神产品,同时红色文化又是在中华优秀传统文化的母体中孕育成长的,它的培育和滋养过程本身就体现了党和人民的文化自信；井冈山精神、延安精神、长征精神、抗美援朝精神、沂蒙精神、西柏坡精神等组成了红色文化的丰富内涵，每个精神背后的特定故事都是中华民族优秀传统文化的缩影，承载着民族的基因，是展示中华民族文化自信、传递中国声音、讲好中国故事的坚强基础和优质素材。另一方面，文化自信反作用于红色文化的传承。强烈的文化自信心意味着对红色文化的高度认可与肯定。有了马克思主义中国化科学理论的指导，红色文化也更具有了先进性与科学性。文化自信的状态有利于我们有信心、有能力地深入阐述马克思主义大众化视域下的红色文化。

习近平总书记强调："文明，特别是思想文化，是一个国家、一个民族的灵魂，无论是哪一个国家、哪一个民族，丢掉了思想文化这个灵魂，这个国家、这个民族是立不起来的。"红色文化作为文化自信的基础，为推进中国特色社会主义事业，凝聚全国各族人民的榜样力量，提供了强大的精神支柱、坚实的思想基础和丰富的道德滋养。"顺应时代浪潮，救国救民的红色文化是我们在复杂多样的文化激流中挺拔屹立、站稳脚跟的基础，是树立文化自信的丰富土壤。"

三、红色文化在高校思想政治教育中的作用

（一）丰富思想政治教育课程教学素材，拓宽思想政治教育渠道

红色文化富有强大的精神力量。首先，将红色文化有机融入教学内容中，能够使原本枯燥的说教变得生动，不仅丰富了思想政治教育课程的教学素材，而且能够让学生在现场教学中产生情感共鸣。其次，通过教育引导、文化熏陶、行为实践等形式，使红色文化充分融入大学生思想政治教育，有助于创新大学生思想政治教育理念，丰富思想政治课程教育内容，改进思想政治课教学方法，使红色文化资源在大学生思想政治教育过程中真正做到"内化于心，外化于行"。红色基地作为红色文化的载体，可以将理论知识与生动有趣的社会实践结合起来，回答并解决大学生普遍关注和关心的理论热点、难点和现实问题，是学生了解国情、省情和社情民意的有效途径，也是红色文化发挥重要作用的主渠道。

(二) 有利于创新教学理念，提高教学综合水平

思想政治教育课程是高校教育教学的关键课程，高校思政课教师在教学活动中融合红色文化，不仅能有效延伸当前高校思想政治教育教学的内容，而且还有助于高校教学理念的创新和提升。

高校思政课教师将红色文化融入教学实践中，有助于创新教学模式、教学理念以及教学方法，能够使教师在原有教学体系的基础上结合红色文化对学生开展全新的思想政治教育教学，引导学生熟悉、理解更多的红色文化内容，让学生逐渐养成艰苦奋斗、自强不息的品格，从而提高学校教育改革的成效。另外，将思想政治教育教学与红色文化、地方文化相结合，开展全新的思想政治教育教学，不仅能对冲当今社会不良文化对大学生的影响，还能帮助学生树立科学的世界观、人生观和价值观，并在实际的生活中不断践行，推动高校思想政治教育的实效。

(三) 有利于完善学生对思想政治教育的认知程度，促进学生全面发展

高校思政课教师在教学活动中融合红色文化，体现着"以学生为中心"的教育理念。从教学实践的方向来看，学生能够在思想政治教育教学中体会到更多的红色文化的价值内涵，教师汲取红色文化的巨大精神能量，催生奋发向上的精气神。除此之外，红色文化包含诸多教学内容，如文学艺术、影视歌曲等，这些都是大学生比较喜欢的教学形式，教师可以充分利用这些教学资源，结合学生感兴趣的教学方法，开展思想政治教育教学，提高大学生的思想觉悟。

红色文化资源积淀着中华民族深刻的精神追求，代表着中华儿女的精气神，蕴含着丰富的思想道德资源。将红色文化融入大学生思想政治教育，不仅有助于达到以文化人、以文育人的目的，更有助于大学生树立正确的世界观、人生观、价值观并建立完善的人格，养成乐于助人以及无私奉献等良好的品质，能够全面提高学生分析问题和处理问题的能力，促使学生全面健康的发展。具体说来，作用有以下几个方面。

1. 有利于提升大学生历史文化素养

中国的近代史，特别是中国共产党领导的新民主主义革命的历史，也是淄博红色文化孕育和产生的时期。首先，了解这段历史，有利于构建大学生立体的历史视野，增强历史认同感，树立正确的唯物史观。其次，有利于增强辨别是非的能力。随着信息化对社会影响的加深，不同文化间的交流和碰撞越来越频繁，多元化的价值观念不断冲击着大学生，影响着他们的价值判断。互联网上丑化和抹黑历史事件和革命英雄人物的现象时有发生，民族虚无主义和历史虚无主义在扰乱着青年学生的视听。把红色文化融入高校思政课，特别是近距离接触和了解淄博的红色文化资源，有助于大学生在耳濡目染、不断熏陶中感受红色精神的力量，传承红色文化的基因，在正确价值观的引领下砥砺前行。再次，有利于学生坚定政治立场。淄博的红色文化能够以更加生动、具体、形象的方式展现在学生面前，让广大大学生可以了解党的革命历史，深化对"只有共产党才能救中国"的理解和认同。

2. 有利于坚定大学生的理想信念

习近平总书记曾说过："理想信念就是共产党人精神上的'钙'。"对大学生来说亦是如此。理想信念是个人精神世界的核心，没有理想信念或者理想信念不坚定，人的精神容易空虚，行动会缺失方向和动力。红色文化在大学生理想信念的牢固和培育过程中能够发挥重要作用，是大学生宝贵的精神养分和动力支撑。

大学生处于人生的"拔节孕穗期"，最需要精心培养和灌溉，这一时期的培育效果甚至直接决定了大学生最后能否成才。在满足学生发展需要这一目标下，有效运用红色文化的育人优势，让青年大学生接受红色文化的熏陶，培养崇高的理想信念，可以进一步增强思想政治教育的感染力和说服力。

3. 有利于提高思想政治教育的实效性

文化认同是思想教育实效性的前提。大学生只有真正认同红色文化，才能认真学习并在实践中主动传承和弘扬，教育才谈得上有实效。淄博地方的红色文化融入当地高校思政课中，能够更好地搭建青年学生学习红色文化的平台。一般来说，地域性红色文化容易被本地区高校学生接受，一是因为淄博红色故事和英雄人物早已家喻户晓，为抗日作出的贡献为大家所熟知，社会传唱度和信服度很高；二是物质性红色资源留存较多，革命纪念馆和抗日遗址较多，有很多实地参观机会；三是淄博地区近现代文化一脉相传，先辈们在当地做出的革命壮举更容易在青年学生心中产生共鸣。以上种种原因就能够构建起大学生对当地红色文化较高的认可度，并为主动传承红色文化打下坚实的基础。

因此，淄博红色文化在淄博地区具有天然的"亲和力"，人们对淄博红色文化的熟悉程度和认同心理本身即是将其融入思政课的重要基础，而这种融合一旦实现，就能立刻转化为思政课本身的优势，把理论性和故事性统一起来，更有利于提高思想政治教育的实效。

第 二 章

淄博红色文化资源

第一节 淄博红色历史

习近平总书记在不同的场合多次要求，要把红色资源利用好、把红色传统发扬好、把红色基因传承好，强调"让信仰之火熊熊不息，让红色基因融入血脉，让红色精神激发力量"。红色文化资源是中国共产党领导全国各族人民在革命和建设过程中形成的、能够体现中国共产党和人民群众崇高革命精神的先进文化资源。红色文化资源既包括革命时期遗留下来的遗物、遗迹、遗址等历史遗存及后来修建的纪念碑、纪念馆、纪念堂等物质形态的文化资源，又包括革命事迹、革命文献、革命文艺、革命精神等非物质形态的文化资源。在淄博，众多的红色文化资源反映了在淄博大地上，中国共产党人为了淄博人民的解放与幸福而英勇奋斗的光辉历史，见证了淄博人民为支持革命而顽强斗争的风雨历程，是新时代弥足珍贵的精神财富，深入挖掘和利用淄博红色文化资源，让大学生了解中国共产党在淄博的光辉历史，教育效果会更加直接、更加深刻。

了解淄博的红色历史，就如同为人们打开了一扇了解淄博过去那段峥嵘岁月的窗户，让人们从淄博的革命史中领悟党的奋斗精神，知史爱党、知史爱国，以更好地赓续红色基因、传承优良传统。

一、中国共产党创立和大革命时期（1921年7月~1927年7月）

（一）领导工人运动，创立党的组织

中国共产党的组织在淄博的创立主要依托了淄博煤炭矿区的广大工人队伍，其组织领导者就是参加中国共产党第一次全国代表大会的济南地区代表王尽美和邓恩铭。

1840年后，帝国主义列强纷纷入侵中国，淄博地区丰富的矿产资源

成为列强掠夺的重点。淄博地区的路矿权先是被德国控制，在1914年第一次世界大战爆发后，又落入日本侵略者手中。到1919年，淄博矿区已成为全国三大矿区之一，有矿工3万余人，是山东最大的煤矿区。在这些矿区里，淄博的工人阶级备受帝国主义和封建势力的沉重压迫，后来在王尽美和邓恩铭等人的组织领导下，开始奋起反抗，这标志着淄博的工人阶级作为一支重要的政治力量开始登上历史的舞台。

1919年爆发的五四运动很快影响到淄博大地，淄博的桓台、张店、周村、淄川、博山等地的青年学生也纷纷组织起来，举行宣传活动，声援北京学生的爱国运动，反对北京政府在卖国协定上签字。广大市民和群众积极支援学生运动，抵制日货，形成了强大的反帝斗争怒潮。这些斗争推动了淄博人民思想的觉醒，为马克思主义在淄博地区的传播和共产党组织在淄博地区的创立奠定了坚实的思想基础。

从1921年开始，王尽美、邓恩铭等先后多次来到淄博，他们深入煤矿、铁路、车站和工人居住区，向工人宣传马克思主义学说和理论，提高了工人的觉悟。1922年6月，淄博成立了第一个工会组织——山东矿业工会淄博部。1923年初，张店组织创办了第一个工人组织——张店铁路工会。经过大量艰苦细致的工作，1924年7月，经中共中央批准，淄博地区第一个党的基层组织——中共淄博支部（亦称中共淄博矿区支部）正式成立，王用章任书记，直属中共中央领导。中共淄博支部是继济南中央直属支部后，山东建立的第二个直属中共中央领导的支部，从此淄博历史掀开了崭新的一页。

（二）成立淄博国民会议促成会，组织张店及张博支线铁路工人开展大罢工

1924年国共实现了第一次合作。为了响应北上的孙中山召开国民会议的号召，1925年，经王尽美等人多方奔走、发动和宣传，在博山聚乐村饭店成立了淄博国民会议促成会，并通过了宣言和致孙中山、段祺瑞以及各省法团的通电。淄博国民会议促成会的成立，标志着淄博地区国共革命联合战线的形成，这是淄博地区的共产党人和国民党人精诚合作的第一

次实践。

1925年初,山东党组织领导了声势浩大的胶济铁路全线大罢工。从2月8日开始,张店及张博支线铁路工人在党组织的领导下,开展大罢工进行响应并取得了胜利,这是淄博工人运动史上由共产党直接领导的第一次规模影响较大的罢工斗争。此外,中共淄博支部领导淄川炭矿工人在1924年2月成立了学艺研究社,团结起来反抗中日资本家的盘剥。1925年初,在洪山镇三马路建立了淄川炭矿工人俱乐部,领导和支持淄川炭矿"失业团"的斗争,这是淄博矿区工人在共产党的直接领导下开展的一次较大规模的斗争,显示了煤矿工人团结战斗的力量,是淄博工人运动史上的一个重大事件,在全国也产生了较大影响。

在艰苦卓绝的斗争中,党组织不断发展壮大。根据形势的发展和工作的需要,1926年5月,淄博第一个农村党支部——中共洪沟支部建立;1927年5月,中共铁山特别支部委员会成立;1927年春,中共张店地方委员会成立,这是淄博历史上建立的第一个跨淄川、博山、张店、临淄、桓台五地的区域性党组织,标志着淄博党组织不仅在数量上不断发展壮大,而且在组织系统上也逐步完善正规起来。

二、土地革命时期(1927年8月~1937年7月)

1927年,四一二反革命政变之后,淄博的地方党组织进入了极为艰难的时期。1928年5月,中共周村邮局支部成立,直属中共山东省委领导,马馥塘任书记,这是周村地区成立最早的支部。1928年12月,中共东李店小学支部成立,李清潍任支部书记,这是在沂源县诞生的第一个党支部。1928年8月,中共淄张县委改建为中共淄川特别支部,武胡景任书记,下辖五个支部,共有24名党员。1928年6月25日,在中共淄张县委书记张洛书和李英杰等人的领导下,淄博矿区党组织领导了淄川炭矿工人南庙大罢工,这是淄博革命斗争史上声势最大的一次罢工斗争,充分显示了共产党领导下的工人阶级的伟大力量。

1928年下半年,蒋介石的反动势力深入山东,开始血腥镇压革命力量，到处逮捕、屠杀共产党员及进步人士，大量党员干部被杀害，淄博的党组织也遭受了重大的摧残。从1927年的13个支部234名党员，到1932年1月，淄博党组织仅剩下党团员5人，矿区的工人运动也被严重压制。

九一八事变之后，为了救亡图存，淄博地区的党组织开始重建。1936年7月，中共山东省委派张天民到淄博矿区重建党的组织；1936年底，建立了中共洪山支部；1937年6月1日，成立了中共博山特别支部委员会。

三、抗日战争时期（1937年7月~1945年8月）

1937年的七七事变，标志着中国进入全面抗战时期。淄博的地方党组织在中共中央及山东省委的领导下，高举抗日民族统一战线的旗帜，领导淄博人民同仇敌忾、共同抗击日寇的侵略，发挥了中流砥柱的作用。

日军铁蹄踏上淄博大地之后，进行了疯狂的掠夺和残酷的镇压。从1937年12月底到1938年春，短短几个月里，日军在淄博制造的较大的惨案和流血事件就有十多起，血腥屠杀我骨肉同胞1000余人，百人以上的惨案，有博山的谦益祥惨案、淄川的河东惨案和杨家寨惨案、铁山惨案等。日军的暴行，激起了淄博人民的强烈仇恨和坚决反抗。

（一）恢复和发展党的组织

这个时期，我党的主要工作是恢复和发展党的组织。1937年10月，山东省委派宣传部长林浩在博山主持召开会议，宣布成立中共鲁东地区工作委员会（简称鲁东工委），同时将中共博山特支改建为中共博山工作委员会（简称博山工委）；同年，在洪山矿区党支部的基础上，成立了中共淄博矿区工作委员会（简称淄博矿区工委）；1938年10月，组建了中共淄博特委，从此淄博地区有了统一的地区性组织机构，大大加强了淄博矿区及周边地区抗日战争的统一领导。

（二）组建抗日武装

抗日战争爆发后，淄博的党组织按照中共山东省委的布置，认真贯彻执行抗日民族统一战线政策，积极放手发动群众，组织抗日武装，发动抗日起义。1937年12月26日，党领导组织了著名的黑铁山抗日武装起义，宣告山东人民抗日救国军第五军成立。之后，第五军首袭长山城，计伏小清河，血战白云山，三战三捷，有力地打击了日伪军。1937年10月，共产党人李曦晨、李清贵等人协助李人凤以临淄县立第二小学为基地，组建了120人的临淄青年学生抗日志愿军训团，成为临淄地区的第一支抗日武装。1937年12月，中共博山工委派张敬焘组建了一支200多人的队伍，命名为山东人民抗日救国军第六军总队部。

（三）建立敌后抗日根据地

1938年底，八路军第三支队活动于胶济铁路西段南北两侧，发动群众，扩大武装，打击敌人。1939年2月，第三支队多次伏击日军运输车辆，并展开大规模破袭战，炸毁日军火车头，破坏铁路桥梁涵洞。5月下旬，第三支队一部在马耀南、杨国夫的指挥下，在邹平县刘家井村一带与日军鏖战，毙伤日伪军800余人。5月22日，在突围转移时，部队受到敌人伏击，马耀南中弹牺牲。

1939年2月，八路军山东纵队第四支队一部，在廖容标、林浩的率领下转战博山。15日，夜袭博山八陡及蛟岭之敌，毙伤敌81人，破坏公路10余公里及洪山口桥一座。4月15日，夜袭福山镇五亩地日军据点，击毙日军17名。1939年7月，八路军第四支队抽调部分骨干组建胶济大队，在胶济铁路张博铁路沿线地区与日伪军艰苦鏖战，被称为淄博的"铁道游击队"。

（四）建立抗日民族统一战线，打击顽固派

抗日战争爆发后，淄博地方党组织团结各党派团体和各武装队伍，始终坚持广泛的抗日民族统一战线。1938年6月，中共博山县委通过宣传教育和团结改造的方式，将博山池上一带的"堂天道"武装改编为博山人民抗日自卫团第一团。1938年7月，淄博特委将博莱边境一带"罡风道"改编为博莱人民抗日自卫独立团。为了集中各道会组织的武装力量，有组织、有计划地开展抗日斗争，1939年6月，中共博山县委在池上村召开了博山县各道会道首及骨干分子会议，成立了博山"九道"联合办事处，这标志着党领导的抗日民族统一战线进一步扩大。

1939年3月，八路军山东纵队第三支队干部、战士及护送部队270余人，由鲁北南下鲁南，途经博山太河镇时，遭到驻扎在此地的国民党军事委员会别动总队第五纵队司令秦启荣所属王尚志部的袭击，2人当场死亡，20多人负伤，近200人被俘，此即著名的太河惨案，又称博山惨案，是抗日战争时期山东国民党顽固派制造的一次严重的反共流血事件。顽固派制造的这一破坏抗战的惨案，激起了全国抗日军民的愤慨。惨案发生之后，遵照中共中央的指示，八路军山东纵队广大指战员协同作战，向太河地区王尚志部发起坚决的反击，收复了太河镇、峨庄等广大地区。经过一年多的斗争，消灭了淄博境内的反共顽固派力量，震慑了日伪反动力量，振奋了广大抗日军民的斗争情绪，巩固和扩大了抗日根据地。

(五) 反蚕食、反扫荡，巩固、建设抗日根据地

1941年，抗日战争进入极端困难的时期。日军在淄博地区先后推行了五次凶残的"治安强化运动"，日伪军组织了多次对抗日根据地的扫荡。淄博各地党组织领导当地抗日武装和人民群众，互相配合，开展了反扫荡、反蚕食、反封锁斗争。

1942年11月9日，日伪军"扫荡"沂蒙山区返回时包围了马鞍山，1000多名敌人在飞机、大炮的配合下，向马鞍山发起攻击。马鞍山上的部分伤病员、干部家属40余人，面对百倍的敌军兵力，在八路军第一一五师教导一旅二团原副团长王凤麟的率领下，毫无畏惧，用手榴弹、石头和仅有的几支枪顽强阻击敌人，击退了日伪军无数次进攻。激战两天，敌100余人被击毙，我方27名烈士洒尽了最后一滴鲜血。最后在弹尽粮绝的情况下，王凤麟开枪自尽，多人跳崖牺牲。马鞍山保卫战打出了淄博抗日军民的威风，彰显了抗日军民英勇不屈的崇高品德和不可征服的民族精神，谱写了山东抗战史上极为悲壮的一页。

在艰苦卓绝的反扫荡、反蚕食、反封锁斗争的同时，淄博各级党组织领导抗日军民，实行精兵简政、减租减息、整风运动，进一步巩固了抗日

根据地。从1944年夏季开始，山东军区指挥各部队相继发起夏季、秋季和冬季攻势，扩大了抗日根据地，壮大了地方武装，为夺取抗战的最后胜利奠定了基础。

抗日战争时期，淄博各级党组织在中共中央和山东分局的正确领导下，在淄博地区八路军主力部队的大力支持和帮助下，组织带领地方抗日武装和各界抗日民众，同日伪军进行了长期的艰苦卓绝的斗争，虽然付出了巨大的牺牲，但自身也有了长足的发展，党员数量由1937年的172名迅速激增到1945年的14229名，为淄博地区后来进行的解放战争奠定了胜利的基础。

四、解放战争时期（1945年8月~1949年9月）

（一）外围阻击，边沿斗敌

全面内战爆发后，国民党军对解放区的军事进攻分两个阶段。1946年6月底至1947年2月为全面进攻阶段，1947年3月至7月为重点进攻阶段，主要进攻山东解放区和陕甘宁解放区。

面对国民党徐州绥靖公署第二绥靖区司令王耀武指挥的10万兵力对胶济铁路沿线解放区的大举进攻，山东军区政治部主任舒同召集鲁中区党委、鲁中军区和山东野战军第一纵队，于1946年6月底在博山四十亩地召开了紧急军事会议，组织外围阻击战。1946年7月7日，第九师二十六团三营在淄川西北的冲山坚守8个多小时，打退了敌人两个团的6次冲锋，被山东军区、鲁中军区授予"冲山阻击营"；10日，在大昆仑阻击战中再次给敌以重创；30日，鲁中部队第九师向西坡地、黄崖发动进攻，经过三小时激战全歼守敌一个加强营，这是全面内战爆发以来首次歼灭国民党军队主力一个建制营的胜利。同时，淄博特委组织民工对胶济铁路、张博铁路等进行大破袭，阻断敌人的交通。

1947年2月，华东野战军组织了著名的莱芜战役。为了配合莱芜战役，淄博工人支队和博山县武装队趁博山空虚之际，先后攻克了八陡、黑山，继而攻占了敌乐疃粮站，全歼守敌一个连，缴获面粉2万多斤。鲁中区党委动员民工组织爆破队,在敌来犯必经公路上埋设地雷以牵制敌人的进攻,同时淄博人民奋力支前,运送物资,抢救伤员,有力支援了莱芜战役。

(二) 淄川整军,南麻战役

1947年3月8日至12日,华东野战军在淄川大荒地召开了由师以上干部参加的前敌扩大会议,之后,各部队开展了整军和练兵运动。经过整军,华东野战军指战员进一步增强了全局观念和必胜信心,在思想上、组织上达到了高度统一,提高了指战员的军事素质和战斗能力。

孟良崮战役之后,为了粉碎敌军将华东野战军主力消灭在鲁中山区的阴谋,华东野战军组织了南麻战役。1947年7月,在粟裕副司令员的指挥下,华东野战军参战部队经过4天4夜的激战,歼灭敌军9000余人,击毙第十八旅旅长覃道善,打乱了国民党在山东的战略部署。

1948年3月,华东野战军山东兵团在胶济铁路西段向国民党军发起大规模攻势作战,称为胶济铁路西段战役。3月11日,战役发起,山东兵团第七纵队逼近张店,并乘国民党守军西撤之机,于途中对其实施截击,毙伤敌人500余名,俘敌2500余名。翌日,山东兵团第九纵队对周村发起攻击,歼灭国民党守军整编第三十二师主力及其他部队共1.5万余人。21日第七纵队攻克淄川,全歼守敌12000人,淄川宣告解放。胶济路西段战役历时12天,华东野战军山东兵团共歼国民党军3.8万余人,收复了周村、张店、淄川、博山、桓台、长山、邹平、章丘、齐东、莱芜、临淄等11个城镇及广大地区,使渤海、鲁中解放区连成一片,揭开了解放军在山东战场春季攻势的序幕。

(三) 支援全国解放

淄博人民在党组织的领导下,全力以赴开展生产支前运动,调动一切人力、物力、财力,全力以赴支援前线。大量军用物资被淄博的百姓用小推车源源不断地运往前线,大量青壮年参军参战,大批党政干部随各路人民解放军南下,为济南战役、淮海战役的伟大胜利,为全国的解放作出了重要贡献,谱写了不朽的篇章。

第二节 淄博红色历史事件

习近平总书记强调：讲好红色故事，让红色基因代代相传。淄博是一片红色的热土，从中国共产党成立至今，众多仁人志士为了人民的事业赴汤蹈火、呕心沥血。党的初创时期，为了壮大组织、发展党的力量，很多共产党人不畏艰险、辛苦奔波；为了反抗外来侵略，赢得淄博的解放，很多共产党人出生入死、血洒疆场；新中国成立后，为了建设淄博，很多人奉献青春、鞠躬尽瘁；改革开放时期，为了淄博的发展，很多人身先士卒、率先垂范。在各个历史阶段，在淄博这片土地上，一段段可歌可泣的红色故事令人刻骨铭心，其闪耀的不朽精神，穿越历史，辉映未来。

在淄博的大地上，感人至深的红色故事很多，其中具有代表性的有淄博煤矿工人南庙大罢工、黑铁山抗日武装起义、马鞍山保卫战，这三个红色事件在淄博乃至山东影响最为深远，从某种意义上讲，也是党的组织在淄博的发展和发挥领导作用的代表性事件；从另一个角度来看，这三个红色事件分别代表着工人阶级、知识分子、抗日军民在党的领导下反抗帝国主义的剥削、侵略，为民众争取解放的典型事件。让青年学生着重了解这三个红色事件的经过，便于引导学生追思先驱业绩，探寻革命思想，弘扬以爱国主义为核心的民族精神。作为淄博当地有深远意义的红色经典事件，地方政府建立了相应的纪念馆和教育基地，这更有利于在高校开展实践教学，发挥思政教育方面的作用。因此，在淄博众多的红色事件中，本书选择了这三个典型事件进行详细介绍。

一、淄博煤矿工人大罢工——中国煤矿工人走向复兴的标志

淄博是我国的老重工业基地之一，煤炭资源丰富，在历史上占有十分重要的经济地位，可以说，淄博煤矿的发展促进了淄博在陶瓷、琉璃、冶铁等行业的发展。

（一）煤矿工人队伍的发展壮大

明末清初时，淄博地区就出现了煤矿，也有了早期的煤矿工人，在矿区出现了早期的资本主义萌芽。19世纪末20世纪初，德国和日本的势力先后侵入淄博，开矿山、建工厂、筑铁路，并大肆掠夺淄博的矿产资源。

由于德国和日本等帝国主义的压迫和奴役，加上中国矿业资本家和封建地主阶级的剥削，当时煤矿工人的工作条件极其恶劣，待遇非常差，生活困苦，长期处于水深火热之中。为了谋求自身解放，煤矿工人曾先后进行了多次反抗斗争，但由于当时缺乏统一的斗争组织，力量不够强大，对资本家的打击并不大，也并未改变工人们受压迫、受剥削的命运。

1921年，淄川煤矿工人受五四运动的影响和启发，成立了"淄川炭矿工人补习学校"，但淄博煤矿工人并没有真正认识到自己受剥削和受奴役的根源，也没有清醒地认识到自己的历史使命是什么，所以当时的队伍仍然属于无纲领、无目标的"自在阶级"。

1921年，中国共产党成立。1922年6月25日，在王尽美、王用章等人策划发动下成立了矿业工会淄博部。1923年，中国共产党淄博矿区支部建立，这标志着在中国共产党领导下的矿区党组织和在矿区党组织领导下的工会正式登上了淄博矿工斗争的历史舞台。此后，矿业工会组织在矿区党组织的领导下迅速发展起来，马克思主义也得以在矿工中广泛传播，从此矿工们有了自己的信仰、目标和阶级意识，深刻认识到自己受剥削的根源和历史使命，开始了有组织、有纪律、有目的的斗争，真正实现了从"自在阶级"到"自为阶级"的根本转变，从而使淄博煤矿工人运动发生了质的飞跃。

党的组织和工人运动在四一二反革命政变之后受到很大挫折，但是在党的领导下又迅速恢复和发展壮大。为了加强党对矿区的领导，1927年10月10日，中共山东省委将中共张店地方执行委员会改成"中共淄博张县委员会"。1928年，中共山东区执行委员会集中力量在淄博矿区发展党的组织，开展工人运动。

1928年4月9日，国民党新军阀开始第二次北伐。4月30日，蒋介石率北伐军占领了济南。5月3日，日本帝国主义为了阻止蒋军北进，借口"保护侨民"，出兵济南，制造了震惊中外的济南惨案。济南惨案在全国激起了反日浪潮，工人运动出现了转机，淄川煤矿工人运动也逐渐恢复起来。借此机会，中共山东省委派张洛书、李英杰等同志深入淄川煤矿所属的八行、十行、南旺、石谷等矿井，组织并发动矿工和群众，筹建工会组织。1928年5月1日，在淄川炭所南门外洪山镇盛街成立了"淄川炭矿工会"，并成立了工会领导机构"淄川炭矿工会执行委员会"，蒲文泉任委员长，韩长甫任副委员长，张德水任组织委员，车锡贵任宣传委员，王聿信任武装委员，同时在八行、十行、南旺等各矿井建立了工人纠察分队。工会发展非常迅速，会员很快由300多人发展到500多人，党员也发展到80多人，这为淄川煤矿工人罢工奠定了组织基础和群众基础。

（二）大罢工的起因

济南惨案发生后，1928年5月6日和10日，中共山东省委和共青团山东省委接连两次联合发表了《为反对日本帝国主义告山东民众书》《再告山东民众书》，表示"我们应誓死反对日本帝国主义，非达到日兵全部退出山东，侵略的主权完全交回为止"，并提出日本从淄川煤矿撤退和"完全交还中国管理"的要求。山东省委的号召极大地鼓舞了淄川煤矿工人，他们渴望在党和工会的领导下掀起反日罢工斗争。

1928年6月，因为受淄川反动政府的逼迫，工会不得不迁到洪山镇铁路以东的马棚里。18日，反动政府派人封堵马棚的门，工会又转移到马家庄南庙进行办公。与此同时，淄川煤矿裁人消息的传来，彻底激怒了煤矿工人，他们纷纷要求立即举行反日罢工运动。

国民党新任淄川县长陈学海，由于上任时间不长，还未能控制整个矿区，在党的领导下，工会组织在建立后两个月的时间里迅速强大起来。工人们反日的热情高涨，希望在工会领导下大干一场，迫切要求开展斗争行动，在此情况下，矿区党组织决定由工会领导开展罢工斗争。

（三）大罢工的经过

1928年6月22日，张洛书、李英杰和工会委员们连续召开了工运积极分子会议，最终决定于6月25日凌晨6时组织淄川煤矿全体工人举行总罢工，反对日本矿方裁减工人，提出增加工资、增加抚恤金、改善待遇的要求，同时，在马家庄南庙召开罢工大会，选出车锡贵、蒲文泉、王聿信为代表，一方面向县长陈学海申诉罢工理由，争取同情，一方面组织发动工人进行斗争。各工会支部也随之选出代表组成罢工组织委员会，于6月22日、23日在各矿井串联并发动群众，约定统一行动时间。6月24日，淄川煤矿工会发表了《罢工宣言》。

在《罢工宣言》里，工会揭露了矿工所遭受的剥削以及生活的困苦情况，宣布"本会应全体工友之请求，定于本月初八实行大罢工，誓死力争，非达到目的而不罢休"。与此同时，淄博炭矿工会给鲁大公司发出信函，申述罢工原因，提出了要求、条件，限令在6小时内给予圆满答复，表示不达目的不罢休，但鲁大公司中日资本家对于工会提出的条件拒不答复。6月25日清晨，在工会的组织和宣传鼓动下，淄川煤矿及所属的十里庄、南旺、大昆仑分矿的4000余名工人于马家庄南庙召开罢工大会，举行罢工，这是我国煤炭工人在大革命失败后的第一次大规模的罢工。在罢工中，工人们为了保卫罢工大会，阻止日军松田中队进入会场，与前来镇压的日军展开了英勇的搏斗。在搏斗中，罢工领导人车锡贵、李成孝、王聿信等人在南庙被日军包围并抓捕，但日军并未能进入会场。淄川炭矿工会号召工人群众团结一致，坚持罢工，不达目的决不复工。为减少不必要的损失，党组织和工会决定将罢工队伍化整为零，工人各回本矿井继续进行斗争。

6月25日晚上，张洛书、李英杰等和工会执行委员会委员们分析了形势，提出了新的条件，研究了继续向鲁大公司进行交涉、争取释放被捕工人的办法，同时，印发传单并散发到各矿井中。根据中共山东省委的指示，张洛书和工会干部一方面揭露了国民党淄川县政府勾结资本家、出卖工人的罪恶勾当，一方面坚决要求日方释放被捕的工人，增加工人工资。

经过工人的坚决斗争，中日资本家害怕激怒工人再次引起罢工，被迫释放了被捕的工会领导人及5名工人，同时矿方答应不再打骂工人、不付半工和不扣工具钱等条件，罢工取得了初步胜利。

随后，矿区党组织和工会在淄川黄家庄赵家沟召开秘密会议，总结这次罢工的经验教训。为了防止敌人更加残酷的镇压和保存实力，他们决定改变斗争的方式，进行分散活动，继续发动和领导群众准备新的斗争。

（四）深远影响

淄川煤矿工人斗争（南庙大罢工）的胜利极大地鼓舞了博山、西河地区中小煤矿的工人，特别是这些煤矿上的机工，他们首先要求增加工资、改善待遇。在遭到资本家拒绝后，9月1日，各矿的机电、绞车、钢炉、翻砂等机器的操作工人举行了罢工。时值阴雨连绵的秋季，由于工人罢工，排水等设备停止运转，直接威胁着矿井的安全。资本家丁敬臣怕纠缠下去会导致积水淹没井下的机器设备，便首先答应给机工每人每月增资3元。国民党山东省政府也感到"值此共党潜伏，乘机反动，极应从速解决，免为利用。且机工要求加薪，关系待遇问题，而机工之外尚有数十倍之采炭及其他种工人。若无极当处理，将来一触即发，恐至不可收拾"，于是，指示第二矿务局与县政府出面，与工人交涉，达成了协议，罢工取得了胜利。

山东淄川煤矿工人大罢工（南庙大罢工）是中国煤矿工人在大革命失败后的第一次规模宏大的罢工，是淄博矿区声势最大的一次罢工斗争，是中国煤矿工人运动走向复兴的标志。这次罢工使广大工人进一步认识到国民党对内欺骗工人、对外投靠帝国主义的实质，彻底打破了对国民党的幻想，沉重打击了日本帝国主义的嚣张气焰，同时对淄博其他行业的工人斗争产生了比较大的影响，在更大程度上唤醒了广大工人群体，为以后的斗争积累了革命力量。

二、黑铁山抗日武装起义

黑铁山起义纪念碑

黑铁山抗日武装起义是山东抗日史上著名的抗日武装起义之一，与胶东文登的天福山起义、鲁中泰安的徂徕山抗日武装起义并称山东抗日三山起义，在抗日战争史上谱写了光辉的篇章。

(一) 起义背景

1937年7月7日发生了卢沟桥事变，日本侵略军发动了全面的侵华战争，抗日战争全面爆发。由于当时蒋介石消极抗战，华北地区大片土地沦陷。在中华民族危难关头，中国共产党挺身而出，担负起领导人民大众抗日救亡之重担。中共山东省委遵照毛泽东《关于华北工作应以游击战争为唯一方向》的指示，强调共产党员"应该脱下长衫到游击队去"，并决定选派干部、组织群众，在全省各地开展抗日武装斗争。10月，共产党员姚仲明、富有作战经验的红军团长廖容标和曾在鲁北工作的共产党员赵明新等同志受省委指示到长山中学筹建武装，组织起义。在具有抗日爱国主义思想的进步知识分子马耀南校长的支持下，他们以教员身份为掩护，在长山中学开展抗日宣传，举办游击战术训练班，培养军事干部，奠定了坚实的组织基础，从思想上、组织上为武装起义做了充分准备。

12月下旬，日本侵略军从惠民县的清河镇渡过黄河，占领周村、张店、博山，并切断了胶济铁路淄博段的交通，导致淄博沦陷。24日，日军飞机轰炸了长山县城，激起了群众的愤怒，抗日烈火在长山中学师生和广大群众中燃烧。这时，长山中学党组织分析形势，认为起义时机已经成熟，他们当机立断，决定停办学校，带领部分师生奔赴黑铁山，举行抗日武装起义。

（二）起义经过

1937年12月26日，姚仲明、廖容标、赵明新率领长山中学师生、训练班学员和部分"民先"队员、青年农民100余人，集聚在黑铁山下的太平庄，举行抗日武装起义，宣布成立山东人民抗日救国军第五军，廖容标任司令员，姚仲明任政治委员，赵明新任政治部主任。随后，长山中学校长马耀南携带筹集的枪支和银元，赶到太平庄与起义部队会合。起义指挥部决定成立山东人民抗日救国军临时行动委员会，推举马耀南为主任，姚仲明为副主任，廖容标、赵明新为成员，并决定第五军的一切对外行动由"临时行动委员会"共同商定。

山东人民抗日救国军第五军于1938年1月8日夜袭长山城，消灭汉奸维持会30多人，夺取步枪17支。1月19日，又在小清河上伏击日军汽艇1艘，击毙日军官兵12人，这在当时引起了侵华日军的巨大惊慌，极大鼓舞了周边抗日民众。2月4日，第五军转战到邹平县白云山三官庙一带，遭日军400余人追踪包围，经过一天的激战，打退日军的多次冲锋，坚守住山头阵地，以自己牺牲7人的较小代价击毙击伤日军100余人，取得了大胜利。

（三）深远影响

黑铁山抗日武装起义是抗日战争时期在山东影响较大的一次起义，创建了新的革命武装力量，揭开了淄博人民反抗侵略战争的序幕。

经过在长山发生的几次战斗，第五军打出了声威，在一定程度上震慑了敌人，锻炼了部队，鼓舞了群众，各地群众自发组织的小股武装纷纷加入第五军。经过一系列战斗后，第五军被老百姓誉为"天降神兵""菩萨部队"，慕名参加的人越来越多，队伍越来越壮大，到1938年春，发展到五千多人，成为这一地区的抗日核心力量。同年6月，第五军改编为八路军山东人民抗日游击第三支队，马耀南任司令员，杨国夫任副司令员，霍士廉任政治委员。在八年抗日战争中，这支部队从无到有、从小到大，取得了一个又一个的胜利，建立了丰功伟绩，受到了人民的高度赞扬。

抗日战争胜利后，黑铁山抗日武装起义部队又投入到消灭国民党反动派的人民解放战争的洪流之中，为祖国的解放作出了重要贡献。

三、马鞍山保卫战

淄川马鞍山

马鞍山，位于淄博市淄川区淄河镇，主峰海拔616米，是一个粗犷雄伟的重峦叠嶂，其山势峻峭，峰顶突兀，四周悬崖如削，只有山前一条石凿的132级的石阶小道能通往峰顶，易守难攻，有"一夫当关，万人莫开"之险，历来为兵家必争之地。山巅石峰高数十米，东西两顶相连，成凹形，远望状似马鞍，故名马鞍山。

抗战时期，马鞍山作为南北交通要道，能够控制淄河流域，掌握军事上的主动权，同时还是沂蒙抗日根据地通向清河抗日根据地的门户，战略位置十分重要。1942年，淄博抗日战争史上有名的马鞍山保卫战就发生在这里。

（一）战斗背景

1941年下半年，日伪军对抗日根据地进行空前残酷的大"扫荡"。敌人为了控制淄河流域，从而切断鲁中区与清河区、胶东根据地的联系，派兵占据了马鞍山，同时在周围村庄修了炮楼，设了据点。1942年春末，山东纵队第四旅为拔掉这颗钉子，成立了以特务营长王法山和侦察科长刘锡琨为正副队长的7人精悍突击队，在两个排兵力的配合下，趁着黑夜从马鞍山西北部历尽艰险攀上绝壁，奇袭了马鞍山。但敌人不甘心失败，企图复夺马鞍山，他们立即从外地增兵围攻马鞍山，不断使用武力威胁和派人劝降的反革命手法。1942年秋，日伪军纠集5万兵力，对鲁中区抗日根据地实行残酷的大扫荡，日军以"马鞍山上驻有八路军的重要领导人和兵工厂，屯有重要军事物资"为由进攻马鞍山。

（二）激战经过

我军主力部队为粉碎敌之合围而暂时撤离，但由于马鞍山山势险要，易守难攻，仍是我军的小后方，一些重伤员、干部家属陆续被安置在山上，其中，就有负伤截肢后在山上休养的八路军——五师一旅二团副团长王凤麟。

日军和伪军于1942年11月9日下令向马鞍山发起进攻，在孟良台、东坡和后峪岭等山上架起大炮直轰南天门和峰顶，数架敌机配合轮番俯冲轰炸。在此养伤的王凤麟等率领干部、战士、伤病员及家属40余人凭险据守。王凤麟和几位负责人进行了周密的战斗部署，山上的伤病员、家属、小孩、老人都积极参与行动，用手榴弹、石头和仅有的几支枪阻击敌人。战斗坚持到傍晚时，山上的伤病员和家属群众击退了日伪军无数次进攻，造成日伪军惨重的伤亡。第二天，更加残酷的战斗来了。敌人为了攻下马鞍山，从博山、莱芜、张店等地调来日伪军3000余人和大量弹药，增强了攻山力量，并同时在附近几个山头上增加了大炮、重机枪和飞机，同时向马鞍山狂轰滥炸。在激烈的战斗中，山上大部分人英勇牺牲了。益都县参议长冯旭臣冒着炮火的袭击搬石头、运弹药，还以"宁可死在炮火中，也不当俘虏"的誓言鼓舞士气，不幸的是，他在搬运石头时中弹牺牲。冯旭臣的女儿冯文秀在阵地上负责宣传鼓动、传递消息、救护伤员。到黄昏时，山上的弹药、石头已经快用完了，人员伤亡也很严重，已很难挡住敌人的进攻。王凤麟见形势危急，当即派通讯员下山向部队首长报告山上的情况。为了保护家属和孩子，王凤麟命令将家属、孩子送下山，他们把做军衣用的布匹撕成布条接起来，一头拴在树上，一头垂下山去，两个战士抓着布绳先下去，接应后下的妇女和孩子。在这个过程中，眼见敌人就要冲上山峰，冯旭臣的儿媳孙玉兰背着她的次女芦桥、抱着小女平洋，全家人相扶着跳下山崖，英勇就义，谱写出山东抗战史上悲壮的一页。最终，南天门失守，但东西两峰顶上的人继续同敌人顽强战斗。这时王凤麟身中一弹，倒在血泊里，一群敌人向他扑来，他抱着"宁为玉碎，不为瓦全"的信念，对着自己开了枪，为民族解放事业献出了宝贵的生命。腿部已受重伤的冯文秀见此情景，毅然跳崖捐躯。刘厥兰把最后一枚手榴弹投向敌人，也从崖上跳下去，由于树枝的托挂而幸免于难。王得善等从后崖抓着树枝、抠着石缝下山，死里逃生。

经过两天血战，日伪军付出被击毙师团参谋长以下官兵100余人的代价，占领的是一座空山。这次战斗在众寡悬殊的情况下，我军有王凤麟、谭克平、董恒德等27人为国尽忠，幸存的有刘厥兰、王得善等抗日干部家属，他们的牺牲为我军主力部队的突围、转移创造了极为难得的战机。

(三) 深远影响

在马鞍山保卫战中，革命烈士们用顽强的意志坚持斗争，威震敌胆，打出了中华民族的威风，在鲁中的抗战史上写下了光辉的篇章。这次战斗充分体现了中国人民英勇不屈的崇高品德和不可征服的民族精神，他们都是中华民族的优秀儿女，其中冯旭臣及其女儿、儿媳、孙女等六人在马鞍山保卫战中壮烈牺牲。为表彰冯旭臣一家抗日爱国的壮举，1946年5月，鲁中行署和鲁中参议会授予他"一门忠烈"光荣匾。

33

第三节 淄博红色人物

一、新民主主义革命时期

历史前进的每一步,英雄人物都发挥着无可估量的作用。在新民主主义革命时期,中国共产党领导淄博人民进行艰苦卓绝斗争的过程中,涌现出了无数为了人民的解放舍生忘死、前赴后继的革命英雄。不管时代如何变迁,革命英雄为了民众不惧牺牲、不懈奋斗的精神不应该被遗忘。我们从众多英雄人物中着重选取了两个层面上的代表人物:知识分子的代表马耀南三兄弟、抗日群众的代表"一门忠烈"冯旭臣一家,重温他们的英雄事迹,感受他们信念坚定、不畏艰险、鞠躬尽瘁的革命精神,以激励青年学生忠诚担当、为国家为人民多作贡献。

(一)"一马三司令"——赤诚爱国的抗日英雄

"一马三司令"

"一马三司令"指的是八路军山东人民抗日游击队第三支队司令员马耀南(1902~1939)、八路军渤海军区第六军分区副司令员马晓云(1906~1944)和山东人民抗日救国军第五军第一支队司令员马天民(1910~1939)

三兄弟，他们是长山县三区北旺庄人（今淄博市周村区北旺庄），出生在一个比较富裕的家庭。他们三人先后牺牲在抗日战场上，是淄博革命历史上著名的抗日英雄。

1. "书生司令"马耀南

马耀南，又名马方晟，1902年出生，1920年以优异成绩考入济南一中。少年的马耀南就有爱国思想，当巴黎和会拒绝废除"二十一条"并作出让日本继续霸占山东胶州湾的决定时，他便愤怒地在日记中写下："我们要把帝国主义赶出去，我们要做真正的中国人！"五四运动爆发后，他积极阅读《新青年》等进步书刊，参加王尽美、邓恩铭领导的"马克思学说研究会"，接受共产主义思想的启蒙教育，与同学组织"反日会"，积极投入反帝爱国运动之中，从城市街头到周围农村，积极宣传反帝救国思想，并参加抵制、查封日货的活动。

1924年，马耀南考入天津北洋大学，攻读机械工程专业。在校期间，他接受了孙中山的三民主义思想，并满怀激情地参加了国民党，成为国民党天津市党部主要成员以及天津北洋大学学生联合会和天津市学生联合会主要负责人之一，同时，他还创办了在学生中十分具有号召力的报纸，成为学生运动领袖人物。

1927年，蒋介石发动四一二反革命政变时，马耀南就反对蒋介石的反共政策。1930年他大学毕业，作为天津学界代表，出席了国民党第三次代表大会，亲眼目睹了国民党的倒行逆施和黑暗腐败，他义愤填膺，中途退席。返回天津后，他开始积极参加倒蒋活动，最终被国民党以"亲共反蒋"的罪名开除了党籍，并遭通缉，迫不得已离开了天津，来到河北省永清县当了一名教员。马耀南在日记中写道："处顺境而傲，遭逆境而馁者，皆非真正青年""宇宙一战场，人生恶斗耳，一息尚存，绝无逃遁苟安之余地。一生死做硬汉，绝发一无聊呻吟语。咬紧牙关与困难做殊死战，一直向前迈进"。他下定决心与反动恶势力抗争到底。

1933年，马耀南回到故乡，担任长山中学校长。他致力于教育改革，整顿学校，聘请有真实才学的人担任教师，教育学生要有爱国情怀，并成立了学生自治会。在他的影响下，长山中学培养出来的学生都品德优良，教学质量在山东省内也遥遥领先，马耀南因此受到了社会各界的赞扬和拥护。

七七事变爆发后，他逐渐认识到，要想救中国，必须奋起武装抗战。他在1937年8月15日的日记中写道："上海炮火异常凶猛，全国已入血战状态，自顾尚在此安逸消闲，能不愧死！自即日起，应特别振奋，求有所报命国家，获取较大代价之牺牲，方不愧生世间。"此时马耀南教育救国的愿望已成泡影，他认识到能够救国的唯一出路就是投笔从戎，加入战斗。面对国民党的节节败退，他毅然拒绝了山东省国民党当局恢复他的国民党党籍的决定，同时在看到中共山东省委根据党中央关于坚持全面抗战、开展敌后游击战争的指示，制定了在山东各地建立武装起义点的计划后，他看到了抗战的希望，增强了抗战必胜的信心。

中共山东省委派曾在长山中学附小任教的共产党员林一山到长山中学与马耀南接头，计划在长山中学建立武装起义点。通过对马耀南的深入了解，林一山介绍他参加了中华民族解放先锋队。后来经林一山安排，马耀南于1937年10月初到济南找到了"民先"组织的领导者孙传文，表达了愿意尽一切力量在长山中学师生中发动组织抗日力量的决心，并邀请中共山东省委派遣有斗争经验的人去领导。

中共山东省委接受了马耀南的请求，10月中旬派姚仲明以国文教员的身份到长山中学领导抗日工作；11月初，又增派廖容标、赵明新去长山中学，并在那里建立了中共长山中学特别党小组，负责组织和发动长山地区民众抗日。期间，马耀南不畏艰险，顶住各种黑恶势力的打压，支持和协助地下党小组积极开展工作，在校内组织了"抗日后援会"，出版了抗日小报，由师生组成演讲队到城乡宣传抗日救亡的道理；建立了"民先"组织，发展民先队员，并以"民众夜校"的名义，举办了游击战术训练班，培养了一批批的抗日骨干，为抗日武装起义做了思想和组织准备。

1937年12月24日，日军轰炸长山城，国民党军政人员弃城南逃，长山中学党组织认为时机成熟，决定去黑铁山举行武装起义。姚仲明、廖容标、赵明新带领60多名师生先赶往黑铁山西麓太平庄举行抗日武装起义。马耀南去长山三区组织人员、筹备粮款和枪支弹药。马耀南为解决粮食问题，邀请当地乡绅、名流召开座谈会。会上，马耀南以大量的事实揭露日军残害中国人民的种种暴行，并带头动员自己的家属捐粮捐款，号召大家以实际行动支持抗日。由于马耀南在当地有很高的威望，许多乡绅、名流也在认捐簿上签了名，捐献部分粮食，解决了粮食这一棘手问题。后来，参加座谈会的人越来越多，通过宣传教育，很多人接受了共产党的抗日主张，少数进步人士还参加了基层抗日政权——乡村行政委员会。广大的爱国青年纷纷来到太平庄参军。几天之后，马耀南带着筹来的三支枪、几百大洋、油印机和急救包等赶到黑铁山。

黑铁山抗日武装起义后建立了党领导下的清河平原上的第一支抗日游击队伍——山东人民抗日救国军第五军，该队伍克邹平、攻长山、打气艇、战白云山，打得日军闻风丧胆。马耀南充分利用其门生故旧多、社会威望高的优势，扩军增员，队伍在很短时间内就发展成为拥有6000余人的抗日生力军。

1938年6月，中共中央军委派遣杨国夫将党领导的山东两支抗日队伍——山东抗日救国军第五军和李人凤指挥的"三大队"整编为"八路军山东人民抗日游击队第三支队"，以淄川、博山山区为依托，发动群众开展平原游击战，建立清河平原抗日根据地。在关键时刻，马耀南立场坚定、旗帜鲜明地拥护支持中央的整编指示。6月16日，"八路军山东人民抗日游击队第三支队"宣告成立，马耀南任司令员，霍士廉任政委，杨国夫任副司令员，郑兴任参谋长，鲍辉任政治部主任。1938年10月，经中共山东分局书记郭洪涛和"第三支队"政委霍士廉介绍，马耀南加入了中国共产党。7月22日，"第三支队"司令部在桓台县牛旺庄与日伪军遭遇，马耀南与杨国夫指挥部队，给敌人以重创后突围。部队向东转移至大寨村时遭敌伏击，激战数小时后，马耀南不幸中弹殉国，时年37岁。

2. 铁血英雄马晓云

马晓云，原名马方杲。幼年读私塾，周村高等小学毕业后，在家务农并且经营作坊。他性情豪放，是个重义气、喜枪棒、广交朋友的人。1924年赴天津参加东北军，由于他有一定的文化水平，为人又机警，且善于拳脚武术，因此获得提拔，官升至营副。

1931年九一八事变后，马晓云返回家乡。乡亲们知道马晓云在外闯荡多年，见多识广，朋友众多，尤其枪法出众，于是公推他当了村联庄会领头人，马晓云也开始发动乡亲声援东北人民抗日。

七七事变后，马晓云积极酝酿组织武装，全力支持大哥马耀南在长山中学开展的抗日活动。他把筹集到的三支枪和几百大洋交给大哥马耀南，带到黑铁山的起义部队。

黑铁山抗日武装起义后，马晓云奉大哥马耀南之命，到周村西山组建抗日武装。不到两个月的时间，他就拉起了一支500余人的队伍，奔赴萌山北山坡，集结并宣布成立山东人民抗日救国军第五军第七支队，马晓云任支队长，下辖第二十五、二十六、二十七3个中队。第七支队在马晓云领导下，打伏击、扒铁路、摸碉堡、抢敌人的物资、惩罚汉奸……机动灵活地打击敌人。他先后带领部队袭击了敌伪乡公所、伪区公所和伪警察署，夺取枪支武装自己，使第七支队一天天发展壮大，战斗力也越来越强。

1938年6月16日，第五军召开整编大会，宣布山东人民抗日救国军第五军整编为八路军山东人民抗日游击队第三支队，第七支队编为第七团，马晓云任山东人民抗日游击队第三支队第七团团长。此后，马晓云奉命率领部队插入敌后，带领战士拔掉敌人据点、炸毁日军火药库、破袭火车站、炸毁铁路路段等，牵制了敌人对抗日根据地的"扫荡"，给敌人以重创。

1939年7月、10月，大哥马耀南和三弟马天民相继牺牲，这更加激起了他报家仇国恨的决心。同年，马晓云加入中国共产党。1940年初，他被派往延安抗日军政大学学习。1942年春末夏初，马晓云回到了家乡，任清西军分区副司令员。在此期间，由于日军疯狂推行"强化治安运动"，对抗日根据地反复进行"铁壁合围"，实行野蛮的"三光"政策，抗日战争进入最艰苦的时期。马晓云率队处决叛徒、击毙汉奸，与敌人展开殊死斗争，狠狠地打击了敌人的嚣张气焰，恢复了原来建立的联络点、情报站，开创了清西抗日斗争的新局面。

1944年，马晓云任清西专员、公署专员兼渤海军区第六军分区副司令员。司令员许云轩率一部去小清河以南作战，政委李曼村和马晓云率一部拔除青城县王家庄据点。8月10日，在攻打青城附近王家庄据点时，马晓云不幸壮烈牺牲，年仅38岁。

3. 杀敌致果马天民

马天民，又名马方普。6岁上学，15岁到济南当学徒，19岁时父亲去世，后便在长山继掌父亲的"恒盛栈"酒店，兼营杂货。他是一个人事练达、商事熟稔，既能叫得开八方路又能悟得出百姓苦的忠厚老实人。在大哥马耀南的影响下，马天民弃商投戎，参加抗日活动。

七七事变后，马天民响应党的号召，积极配合大哥马耀南参与了长山中学筹建抗日武装的工作。他四处奔波结交各阶层人士，串联志同道合的爱国人士，一方面利用各种机会宣传抗日，另一方面暗地为起义筹备资金，积蓄抗日力量。

1938年3月，马天民的部队组建为第五军第一支队，他担任支队长（当时叫司令员）。随后，马天民率一支队活跃于长山、邹平、桓台、章丘一带，攻打敌人据点，破坏敌人铁路，反奸除霸，发动群众力量，建立了抗日根据地。

1938年6月上旬，在中共中央关于"山东的基干武装应组建成支队，恢复和使用八路军游击支队的番号"的指示下，马天民立场坚定，坚决拥护党的领导、服从党的安排，第五军改编为八路军山东人民抗日游击队第三支队后，他任第三支队独立营营长。后来，由于马天民的人脉资源广、群众基础好，党组织特意安排他做统战及物资筹备工作。马天民秘密建立"募集委员会"，筹集了大量的物资和经费，有力地支援了第三支队的抗日武装斗争。

1939年7月22日，第三支队司令部率主力一部东进临淄途中在桓台牛旺庄一带遭日军袭击，大哥马耀南在战斗中壮烈牺牲。马天民得知消息后万分悲痛，但是为了重整部队，他不顾个人安危，时常深入敌占区开展各种工作。

1939年10月13日早上，马天民得到长山城西大新村有一户人家存放着一支枪的情报，便想亲自去把枪弄到手，他的母亲和爱人朱明劝他不要去，但此时他已把个人安危置之度外，努力说服了亲人，带上两个警卫员就出发进了大新村。由于汉奸的出卖，马天民落入长山城里的日军和汉奸精心策划的阴谋之中，被敌人团团围困。马天民一边射击一边组织撤退，当撤到大新村西南的一片墓地时，敌人对马天民形成了三面合围，但他仍坚持与敌人战斗。日军和汉奸向马天民步步紧逼，叫喊着要抓活的，但他宁死不屈，咬紧牙关沉着冷静地向敌人射击，最后，马天民身中数弹，牺牲时年仅29岁。

（二）"一门忠烈"——马鞍山上托忠魂

在淄博历史展览馆，一块长197厘米、宽85厘米木质黑底金字的门匾上刻着"一门忠烈"四个苍劲有力的金色大字，抬眼望去上首一行小字："烈士旭臣冯老先生暨子女媳孙殉国纪念"。这是1946年5月，鲁中区行政公署和鲁中参议会为了纪念表彰冯旭臣暨子女媳孙抗击日军的殉国壮举，向冯家敬赠的门匾。

这块匾是中国人民抗日斗争艰苦历程的真实写照，是中华民族"宁可站着死，绝不跪着生"不屈精神的历史见证，更是一曲淄博抗战史上气壮山河的赞歌。

1. 革命家庭，转移马鞍山

在青州西南山区有个百多户人家的小山村，这就是"抗日堡垒"长秋村，也是青州西南抗日根据地的旗帜，冯旭臣就出生在这个村。

冯旭臣（1888~1942），出生在一个殷实富足的家庭，衣食无忧，有三子一女，生活美满。他具有强烈的爱国思想和忧民意识，在任乡长期间，就多次捐资助学，扶困济贫，在村民中享有崇高威望。

在冯旭臣的支持下，次子冯毅之外出求学，追求真理，走上革命道路。抗日根据地建立后，冯旭臣当选为益都县抗日民主政府参议长；长子冯登奎也加入八路军，任八路军修械所所长；次子冯毅之，时任四县联合办事处主任，在淄河流域坚持抗日游击战争；三子冯登恺也加入八路军并随军参加战斗；女儿冯文秀随后也加入共产党，任长秋村、蓼河区妇救会会长；儿媳孙玉兰也是中共党员，由此可见冯旭臣一家是名副其实的革命家庭。

后期，次子冯毅之经常带领八路军地方部队在淄河一带作战，同敌人开展游击战。长秋村多次遭日伪军和国民党顽军的洗劫，冯家被焚掠一空，被迫日居山沟、夜宿林莽，备受艰辛。1942年10月，日伪军开始了残酷的大扫荡。冯旭臣带儿媳孙玉兰、女儿冯文秀、孙女新年等一家六口转移到淄川县口头镇东马鞍山上。冯旭臣上山后主动负责管理八路军战士和抗战家属的伙食，女儿冯文秀在山上担任文化教员，孙玉兰担任护理员，照顾伤病人员。冯旭臣一家与战友们同舟共济，相互勉励，共同承受着敌人"扫荡"带来的巨大困难。

2. 壮烈殉国，民族光辉

1942年11月9日，日伪军得到情报后，2000多人突然包围了马鞍山。两架敌机轮番轰炸，十多门迫击炮、几十挺机枪齐射，并向马鞍山的孟良台和后峪岭输送重机枪和大炮，封锁了山下所有通道，使马鞍山军民陷入重围之中。

八路军指战员和伤病员以及所有的抗战家属全部投入战斗，顽强抵抗。冯旭臣顶着枪林弹雨，冒着生命危险，从东峰到西峰，给抗战人员送水、送弹药，鼓舞大家的战斗意志。冯文秀冒着猛烈的炮火，用唱歌、喊话等方式激励大家的斗志，并积极传递情报，救护伤员。傍晚时分，由于叛徒的投敌出卖，抗日军民被敌分割包围，形势十分不利，但英勇的战士们仍然固守两峰，誓死不投降。

子弹打光了，就用石头、刺刀、枪托和敌人拼；战士们倒下了，老人、妇女和孩子也举起了石头……炮火中，他们击退了日军无数次进攻。就在冯旭臣与女儿一起搬运石块时，他不幸中弹牺牲。腿部受伤的冯文秀面对涌向山顶的日军，高呼着"为我们报仇"毅然跳崖。12岁的孙女新年被日军炮弹炸死。儿媳孙玉兰背着4岁的芦桥、抱着周岁的平洋跳下山崖，英勇牺牲。冯旭臣一家六口在这次保卫战中洒尽了最后一滴血，他们威震敌胆的壮举，表现了中华民族英勇不屈的精神，赢得了后人的敬仰和缅怀。日军投降后，博山县政府在马鞍山建烈士塔，正面题"气壮山河"，侧面刻烈士名单，其中就有冯旭臣一家六口。1946年，益临等淄博四县民众自发对马鞍山烈士重新安葬。冯旭臣一家烈士迁葬故乡长秋村，建碑纪念，碑上方横书"民族光辉"，碑文题为"旭臣老先生暨其子媳烈士墓碑志"，碑文结尾称："先生可谓抗战中的先进模范，媳女是巾帼的英雄。他们的名字将与日月同在，与马鞍山并存不朽"。

二、社会主义建设时期

时势造英雄，不同的时代造就不一样的英雄。从丹心报国的"一马三司令"，再到英勇无畏的马鞍山烈士，他们用热血和生命为新中国的成立增添了一抹属于淄博大地的壮丽的红色。

新中国成立之后，进入新纪元的淄博大地山河无恙，再无战乱，但为了人民更加幸福、国家更加富强，一批又一批如焦裕禄、朱彦夫这样的英模人物接过了先烈们的红色精神接力棒，在新的历史条件下顽强拼搏、艰苦奋斗，奉献了自己的全部，他们让红色精神的旗帜继续传承飘扬，也赋予了红色精神改革开放、锐意进取、与时俱进的新内涵，树立了令人骄傲的淄博榜样，是当之无愧的新时代淄博红色楷模。今天淄博要推动高质量发展、实现"凤凰涅槃、加速崛起"，需要我们向新时期的英模人物学习。基于此，本书从新中国成立后众多英模人物中选取了好干部代表焦裕禄、退伍军人代表朱彦夫、人民教师代表李振华、企业家代表孙建博，他们的事迹和精神就是红色基因在社会主义建设者身上的体现，是当代淄博人学习的榜样。

（一）人民的好公仆：焦裕禄

焦裕禄，中共党员，1922年8月16日出生，山东淄博博山县北崮村人。解放战争后期，随军到河南尉氏县工作。1953年6月起，在洛阳矿

山机器制造厂担任车间主任、科长。1962年12月起，先后任兰考县委第二书记、书记。他带领兰考人民治理内涝、风沙、盐碱三害，终于改变了兰考县的面貌。1964年5月14日，因癌症逝世。焦裕禄被评为"100位新中国成立以来感动中国人物"。[1]

1. 命运多舛，参军报国

1922年8月16日，焦裕禄出生在山东省淄博市博山县崮山镇（现源泉镇）北崮山村一个贫苦家庭。因生活所迫，他幼年时代只读了几年书就在家参加劳动。日伪统治时期，焦裕禄家中的生活越来越困难，他曾多次被日军抓去毒打、坐牢，后又被押送到抚顺煤矿当苦工，他实在忍受不了日军的残害，于1943年秋天逃回家中。因无法生活下去，他又逃到江苏省宿迁县，给一家姓胡的地主打了两年长工。1945年，抗日战争胜利，焦裕禄的家乡解放了，他怀着激动的心情，抱着要翻身、求解放的强烈愿望从宿迁县回到了自己的家乡。当时他的家乡虽然还没有解放，但是共产党已经在这里领导群众进行了轰轰烈烈的革命活动，焦裕禄主动要求当了民兵，之后又参加了解放博山县城的战斗。[2]

1946年1月，焦裕禄在本村加入中国共产党。他在入党申请书上这样写道："共产党是人民群众的救星，没有共产党，革命就不能胜利，穷人就不能翻身。我要听毛主席的话，跟共产党走，为推翻旧社会，建立新中国，实现共产主义而奋斗！"不久，他又正式参加了本县区武装部的工作，在当地领导民兵坚持游击战争，以后又调到山东渤海地区参加过土地改革复查工作，曾担任组长。解放战争后期，焦裕禄随军离开山东到了河南，分配到尉氏县工作，他先后担任过副区长、区长、区委副书记、青年

---

[1] 中央"不忘初心、牢记使命"主题教育领导小组办公室编：《"不忘初心、牢记使命"优秀共产党员先进事迹选编》，党建读物出版社2019年版，第2页。

[2] 人民的好公仆——焦裕禄[EB/OL]. https://baijiahao.baidu.com/s?id=1641839956776556194&wfr=spider&for=pc, 2019-08-14.

团县委副书记等职,之后又调到青年团陈留地委工作和青年团郑州地委工作,担任过团地委宣传部长、第二副书记等职。

2. 赴职兰考,奉献一生

1962年冬,焦裕禄同志怀着改变灾区面貌的雄心壮志,来到了兰考,先后任县委第二书记、书记。

兰考县地处豫东黄河故道,是个饱受风沙、盐碱、内涝之患的老灾区。焦裕禄踏上兰考土地的那一年,正是这个地区遭受连续三年自然灾害较严重的一年。展现在焦裕禄面前的兰考大地,是一幅严重的灾荒景象:横贯全境的两条黄河故道,是一眼望不到边的黄沙;片片内涝的洼窝里,结着青色的冰凌;白茫茫的盐碱地上,枯草在寒风中抖动。这一年,春天的风沙打毁了二十万亩麦子,秋天淹坏了三十万亩庄稼,盐碱地上有十万亩禾苗被碱死,全县的粮食产量下降到历史的最低水平。[1] "没有调查就没有发言权",焦裕禄意识到要想战胜灾害,必须详尽地掌握灾害的底细,了解灾害的来龙去脉,然后作出正确的判断和部署。根据这一想法,他从第二天起,就深入基层调查研究,在全县展开了大规模的追洪水、查风口、探流沙的调查研究工作。那时焦裕禄正患着慢性肝病,许多同志担心他在大风大雨中奔波会加剧病情的发展,劝他不要参加,但毫不犹豫地拒绝了同志们的劝告,他说:"吃别人嚼过的馍没味道"。他不愿意坐在办公室里依靠别人的汇报来进行工作,毅然背着干粮、拿起雨伞和大家一起出发了。在一年多的时间里,他跑遍了全县140多个大队中的120多个。

在带领全县人民封沙、治水、改地的斗争中,焦裕禄身先士卒,以身作则。在风沙最大时,是他带头去查风口、探流沙;在大雨倾盆时,是他带头趟着齐腰深的洪水察看洪水的流势;在风雪铺天盖地时,是他率领干部访贫问苦,登门为群众送来救济粮款。他经常钻进农民的草庵、牛棚,同普通农民同吃同住同劳动。焦裕禄常说:"兰考的贫下中农是革命的,

---

[1] 中央"不忘初心、牢记使命"主题教育领导小组办公室编:《"不忘初心、牢记使命"优秀共产党员先进事迹选编》,党建读物出版社2019年版,第3页。

他们有改变家乡面貌、由穷变富的强烈要求，就像在一千零八十平方公里的土地上布满干柴一样，只要崩出一个火星，就可以引起熊熊烈火。"他在群众中学到了很多治沙、治水、治碱的办法，总结了不少可贵的经验，他把群众同自然灾害斗争的宝贵经验，一点一滴地集中起来，成为全县人民的共同财富，成为战胜灾害的有力武器。

焦裕禄对同志、对人民总是满腔热情，他的心里装着全体人民，唯独没有他自己。当肝部痛得直不起腰、骑不了车时，他用手或硬物顶住肝部，继续坚持工作、下乡，直至被强行送进医院。1964年5月14日，焦裕禄被肝癌夺去了生命，年仅42岁，他临终前对组织上唯一的要求，就是他死后"把我运回兰考，埋在沙堆上。活着我没有治好沙丘，死了也要看着你们把沙丘治好"。

3. 精神长青，丰碑永存

"共产党员应该在群众最困难的时候，出现在群众的面前；在群众最需要帮助的时候，去关心群众、帮助群众"，焦裕禄是这样说的，更是这样做的。他带领干部访贫问苦，登门为群众送救济粮款，一句"我是你们的儿子"，充分体现了党和人民的鱼水深情；面对兰考自然灾害的肆虐和贫困落后的实际，他不等不靠，带领全县人民艰苦奋斗、奋力拼搏，以共产党人大无畏的英雄气概，创造性地制定了一套简便易行、实用而又符合规律的治理"三害"方法，最终在重重困难中闯出了一条生路，以满腔热情和实际行动谱写了一曲曲改天换地的英雄壮歌。

1966年2月，新华社播发长篇通讯《县委书记的好榜样——焦裕禄》，全面介绍了焦裕禄的感人事迹，随后，全国各种报刊先后刊登了数十篇文章通讯，在全国掀起了学习焦裕禄、争当焦裕禄式好干部的热潮。2019年，习近平总书记再次号召全党继续学习焦裕禄精神，把"亲民爱民、艰苦奋斗、科学求实、迎难而上、无私奉献"的焦裕禄精神当成群众路线教育实践活动的生动教材，感召、激励广大党员干部对照焦裕禄，学习焦裕禄，向焦裕禄看齐，以焦裕禄为镜子，以焦裕禄为标杆，以焦裕禄为教材，在教育实践活动中努力学习焦裕禄同志的公仆精神、奋斗精神、求实精神、大无畏精神、奉献精神，大兴服务群众之风、艰苦奋斗之风、求真务实之风、知难而进之风、敬业奉献之风，书写新时期大力践行党的群众路线的崭新篇章。

焦裕禄，不仅是一个闪动着永恒光芒的名字，一个在实现中国梦的道路上永做路标的名字，更是一个令淄博骄傲的名字，一面令淄博人自豪的旗帜。榜样的力量是无穷的，现在淄博市上下已形成了学习焦裕禄精神、践行焦裕禄精神的热潮，人人都以"我是裕禄故乡人"为荣，个个都以"敬业奉献为人民"为己任，争当"焦裕禄式"的好党员好干部，让"焦裕禄精神"在淄博这片土地上发扬光大。

（二）永远的战士：朱彦夫

朱彦夫，中共党员，1933年7月出生，沂源县张家泉村人，1947年9月入伍，参加过淮海、渡江等上百次战斗，在抗美援朝战场失去四肢和左眼，10次负伤，3次立功。在担任村党支部书记25年里，带领群众治理荒山，兴修水利，发展教育，彻底改变了山村面貌。1982年，为弘扬革命传统，他以超常毅力，历时7年创作完成两部自传体长篇小说《极限人生》和《男儿无悔》，被誉为"永远的战士""当代中国的保尔·柯察金"。2019年9月17日，国家主席习近平签署主席令，授予朱彦夫"人民楷模"国家荣誉称号。

1. 他是活着的"烈士"

1950年12月，朱彦夫参加了在朝鲜争夺250高地的血腥恶战，他所在的连队，在零下30度严寒的条件下，与装备精良的两个营的敌人进行了殊死搏斗，打退了敌人一次次的进攻。在弹尽粮绝的情况下，他们仍然坚持与敌人拼搏，最后阵地上只剩下一个遍体鳞伤的人，这就是朱彦夫。朱彦夫在朝鲜战场受重伤回国，入院治疗初期，一直是"活死人"，没有人知道他的姓名、籍贯、部队番号，并且部队已经认为他所在连队全部阵亡，他们早被确认为"烈士"。

当时，为了抢救伤势严重、昏迷不醒的他，医院只能对他采取截肢、剖腹等措施，但经过反复抢救，他的病情仍然没有起色，医院只能将他从"特号床"转移到了"太平室"。"太平室"是专门为危重伤员设立的，接近于太平间，唯一不同的是躺在床上的人还有一息尚存，由两位经验丰富的护士专门守护。在"太平室"，他那不足一米长的躯体躺着一动不动，唯有腮下和嘴角微微颤动的神经证明他还活着。在这期间，志愿军各部队派人到医院查寻本单位伤员，他所在团的查寻人员看到他后却根本没有认出来。终于在昏迷93天后，朱彦夫的意识渐渐恢复，他出乎所有人的意料而复活了！

然而，他从"太平室"重新搬回"特号床"后，却终日郁郁寡欢，无数次想结束生命解脱自己，但医生的鼓励和社会的关爱让他重拾生活的信心，使他打消了轻生的念头。他在医院先后经历了47次手术——颅脑取弹、面颊植皮、腹内排异、眼部摘取弹片、四肢反复截取……他都以超强的生命力不断地创造着奇迹。[1]

2. 他是心系群众的好支书

在极端困难的生活面前，朱彦夫挑战生命的极限，决心做一名自食其力的生活强者。1956年，为了减轻国家的负担，为了不让别人照顾，他毅然要求从荣军休养院回到了自己的家乡——张家泉村。张家泉村是沂蒙腹地的一个小山村，山连山，山套山，山山连环，真的是"迈步脚踏山，出门眼见天"，村里200多户人家分布在东西长10公里、南北宽百余米的峡谷地带。朱彦夫回到山沟里，才知道全村许多人家揭不开锅，吃了上顿没有下顿，是出了名的贫穷村。面对严酷的现实，他深深感悟到：贫穷才是他们最大最凶恶的敌人！

回家后的朱彦夫开始练习自己吃饭、喝水等基本动作，经过坚持不懈

---

[1] 人民楷模　生命丰碑 [EB/OL]. http://60.210.106.148/RB/content/20190920/Articel03001IP.htm, 2019-09-20.

的艰苦训练，他慢慢实现了生活基本自理，也可以熟练地装卸假肢，他终于又站了起来！1957年，朱彦夫开始挑起村党支部书记的重任，为了让乡亲们吃饱肚子、过上好日子，朱彦夫拖着7斤重的假肢逐门逐户查访民情，决心"治山""治水""造田"。他常说"当支书，就得想法子让群众过上好日子"，这一干就是25年。

站着走、爬着走、滚着走，朱彦夫带着17斤重的假肢走遍了村里的每一座山头。白天村里人考虑到朱彦夫的身体状况，总是想方设法不让他出门上山，他就晚上行动，即使经常摔得鼻青脸肿、满身血痕，他也毫不在乎，"疼得狠我才知道自己活着，只要活着就好办，我自己只要活着，有生命我就能干"。他在无数次的跌倒和滚爬中，带领乡亲棚沟造地、治山改水、劈山修田、重整家园。

世世代代在山沟里面刨食的村民，靠着手抬肩扛搬运来2.3万吨土石方，垒筑起1500多米长的暗渠，荒废的山沟最终变成了40多亩土地，穷山村第一次有了良田，当年就产粮5万多斤。张家泉村除了地少，更缺水。朱彦夫在数九寒天，带着大伙找水源、打机井。十一月的沂蒙山区天气非常寒冷，遇到打了20多米的水井不出水的情况，他就亲自下井寻找问题，丝毫不顾及自己的身体状况。村民们心疼他，更埋怨他："你这不是在当书记，你这是在拼命啊！"从1960年开始，朱彦夫带着乡亲们翻山越岭打了9口水井，并在村里打了3口用于灌溉的大眼井，修建了1500米长的水渠，彻底解决了村民用水难和无水浇田的问题。[1]

朱彦夫在村支部书记岗位上，经过二十五个春秋，终于把一个穷山村变成了远近闻名的致富模范村，使村民走上了生活富裕的道路。"美景看不够，人在画中游"，他没有脚，却和乡亲们走出了一条幸福之路。

3. 他是"中国当代保尔"

1987年5月，时任济南军区政委的迟浩田同志看望了朱彦夫。老首

---

[1] 朱彦夫：一心为民的优秀共产党员 [EB/OL]. https://news.gmw.cn/2019-10/11/content_3322 2157.htm, 2019-10-14.

长鼓励他把当年在战场上亲眼目睹的中国军人英勇作战的情况写出来,把重残后信念不倒、意志不减的精神写出来,以缅怀先烈、教育后人。另外,指导员临终前"只要你能活着回去,就要想办法把我们的英雄壮举记录成文"的嘱托也时刻在他耳边响起。面对首长的鼓励、同志们的关怀,朱彦夫开始了艰难的写作。

残疾的身体让朱彦夫花费了比正常人多十倍、百倍、千倍的努力和求索,也让他吃尽了苦头。他用嘴咬着笔与用残臂夹着笔交替写作,由于神经失控,补皮弹性差,张合吃力,用嘴写字需要逐步适应,朱彦夫便用假腿倚住桌棱,躬腰低头,张大嘴巴咬住笔杆,笔尖在舌口的搓托下在纸上徐徐蠕动,经常写出来的字大得怪异,只有他自己看得懂。在练习过程中,不知多少汗水和血水浸到稿纸上,同落纸未干的墨迹融合,成了一滩滩淡灰色污渍,但他说:"只要活着,只要有信念,就没有啥做不到的。""读者能从中感悟到先烈的不屈、残疾军人的自强、共产党人的凛然正气,我就不会因空耗时光而羞愧了。"他用嘴衔笔、双臂抱笔、单臂绑笔,以每天几百字的进度,历时7年,创作完成了两部震撼人心的自传体长篇小说《极限人生》《男儿无悔》,被誉为"中国当代保尔"。[1]

2014年3月,中共中央宣传部作出《关于授予朱彦夫同志"时代楷模"荣誉称号的决定》,赞誉他是共产党员和革命军人的优秀代表,是践行社会主义核心价值观的杰出楷模,号召广大党员干部和人民群众学习他的先进事迹,弘扬他的崇高精神。2015年10月12日,朱彦夫荣获2015中国消除贫困感动奖。2015年10月13日,朱彦夫被授予全国敬业奉献模范称号。2019年9月17日,国家主席习近平签署主席令,授予朱彦夫"人民楷模"国家荣誉称号。2019年9月25日,朱彦夫获"最美奋斗者"个人称号。

朱彦夫,是一员战场归来的老兵,一位沂蒙山区的老人,一个跨越时

---

[1] 人民楷模　生命丰碑 [EB/OL]. http://60.210.106.148/RB/content/20190920/Articel03001IP.htm, 2019-09-20.

代的楷模,更是一座生命不息的丰碑!朱彦夫的先进事迹,体现了共产党人坚定信念、崇高追求的志向,体现了基层党员干部顽强拼搏、无私奉献的精神,体现了伤残军人生命不息、奋斗不止的风貌,他是淄博人民的骄傲与荣耀,是当之无愧的人民楷模,是全国人民学习的榜样。

(三) 杏坛楷模:李振华

李振华,中共党员,1937 年 11 月生于江苏省南京市,淄博市沂源县实验中学原校长、书记,沂源县教龄最长的教师。他先后被授予全国优秀教师、全国教育系统劳动模范、全国离退休干部先进个人、山东省优秀人大代表、山东省模范教师、山东省劳动模范、山东省优秀共产党员、山东省道德模范、山东省人民教师、山东省特级教师等 96 项市级以上荣誉称号,享受国务院特殊津贴,连续四届当选山东省人大代表。[1] 作为淄博市优秀教师代表,李振华曾多次进京,在人民大会堂接受党和国家领导人的接见。

1. 扎根山区,大爱无边

1953 年,年仅 17 岁的李振华响应党的"到老区支援经济文化建设"的伟大号召,带着父辈们的嘱托,千里迢迢从繁华的南京城毅然来到沂蒙山区支教,扎根沂源教育 60 余载,把有限的青春乃至生命都无私地奉献给了他所挚爱的教育事业,献给了山区里的孩子们。

沂源县是国务院重点扶持的 37 个贫困县之一,当时乡亲们靠吃糠咽菜度日,冬天有的连被子都没有,孩子上学十分困难。当地仅有的一所学校是山间一座破庙改造的,庙里满地是大大小小的石头,大石头是课桌,小石头是板凳;最初的师生交流极为困难,因为学生听不懂他的南方话;

---

[1] 中共沂源县委组织部,沂源县实验中学原校长李振华:播撒一生爱关爱一生情 [EB/OL]. https://www.dtdjzx.gov.cn/staticPage/news/dyfc/20190912/2599929.html,2019-09-12.

最初的生活苦涩不堪，地瓜秧子下饭，煤油灯照明，夜里狼嗥声声让他毛骨悚然……面对这些物质和文化都极度贫乏的农民，李振华的心在剧烈地颤动，但他只有一个念头，就是教书育人，用知识改变老区孩子的命运。就这样，金陵城长大的学生与沂蒙山的苦孩子成了师生，孩子们的苦成了他执教的动力。

知识改变命运，教育决定未来。教小学的时候，李振华的第一批学生全部考入地区重点中学，他做的几十种教具还被邀到省里展览、推广。教高中的时候，他所教的班的高考成绩在临沂地区名列前茅，县里敲锣打鼓给他披红戴花。1982年，李振华受命接手一所全市闻名的后进学校，经过全体师生的共同努力，这所学校成为省级示范学校，成为临沂市初中学校的一面旗帜。1986年11月7日，《人民日报》刊发他的事迹并配发评论员文章《校长是关键》。

1980年，离高考还有两个月的时候，一封"父病重，速归"的电报从南京飞来。电报牵动着李振华的心，也牵动了广大师生的心，大家纷纷劝他回去。望着浸着母亲泪水的电报，想着眼前这些高考在即的农家子弟，他只好安排正上高三的儿子李东伟回家伺候老人，而他为了即将高考的孩子们，最终未能看父亲最后一眼。学习优异的儿子也因替他回家照顾父亲而高考落榜；母亲因接受不了父亲离世的打击而导致半身不遂。在母亲生病的第十个年头，李振华把不肯离开故土的母亲接到了沂源县，不料老人由于不服水土，不适应北方山区的寒冷干燥，加上饮食不习惯，接连生病，一年多就病逝了。这份悲怆与负疚深藏在李振华的心底，永难释怀。

为了改变老区的教育现状，李振华多次放弃了进城、回南京、转行、提升的机会，经历了十年"文革"的不幸遭遇、忠孝不能两全的人生遗憾、爱情与事业的艰难抉择，将半个多世纪的沧桑和一颗永恒的爱心融进了沂蒙山区。[1]

---

[1] 中共沂源县委组织部，沂源县实验中学原校长李振华：播撒一生爱关爱一生情 [EB/OL]. https://www.dtdjzx.gov.cn/staticPage/news/dyfc/20190912/2599929.html，2019-09-12.

2. 捐资捐物，扶贫帮困

捐资助学是李振华毕生的追求，他从一开始就尽其所能的从经济上资助那些因贫困而上不起学的孩子。从工作的第一个月起，李振华就每月拿出工资的四分之一资助贫困学生，一直坚持到退休。退休后，别人都劝他："你劳累了一辈子，好好的休息休息吧！"可一想到教育的贫困是一切贫困的根源，对于捐资助学、扶持贫困生，他从未停歇。李振华倾其所有，把半生仅存的15000元积蓄和国务院特殊津贴分成三份，分别捐献给他工作过的韩旺中学、张家坡中学和沂源县实验中学，并设立了"振华奖学扶困基金会"。

为了资助更多的贫困生，64岁的李振华于2001年2月应聘到淄博万杰朝阳学校担任初中部校长，工作8年，50万薪资全部拿出资助不在基金会范围内的23名贫困学生。为了给临时急等用钱的学生筹措资金，他甚至清晨到校园里捡拾废品卖。一位受资助学生的家长感叹地说："李老师是在为咱们孩子的未来打工啊！"2009年，已70多岁的李振华怕耽误学校的工作，辞职再次回到了沂源，但每当退休金发下来，他只留500元做生活费，其他都用作对贫困生的资助。李振华曾说："我生活虽然拮据，但内心却很富有，为此我感到非常高兴"。60多年来，李振华个人的捐款达122万元，先后资助了2300多名贫困学生，其中他承担所有生活费、学费直到完成学业的学生就有36人。在他的资助下，一个个贫困学子走出了大山，改变了命运。

李振华捐资助学的义举，像巨石激水掀起层层波澜，三所中学的"振华奖学扶困基金会"的资金如同滚雪球一样，越积越多，到2020年资金累计已达296万元。他最早工作过的韩旺学校改名为淄博市振华学校；张家坡的乡亲为"振华基金会"树起了一座纪念碑；县里建立了"李振华事迹展厅"，每天来参观的人络绎不绝。

然而，这样一位对待他人十分大方的古稀老人，对自己却十分苛刻，甚至到了吝啬的地步。在农村工作时，他没进过一次理发店，都是用自己的理发工具与学生们相互理发，吃饭以玉米糊、南瓜菜为主；他不吸烟不喝酒，甚至连茶叶都舍不得喝；一辆大金鹿自行车骑了46年，1965年30元买的那块"钟山表"至今还戴着；从来没有穿过皮鞋、西服，一身灰色的中山装洗得已经泛白，他还因为穿着旧得有点破损的中山服到济南南郊宾馆参加省人代会而引起了保安的盘问，甚至还招来一些人鄙视的目光，然而他从不在乎这些，他在乎的是自己资助的沂蒙山区的孩子们能否得到更多人的支持。

3. 榜样力量，源远流长

"既知夕阳无限好，何必消沉等时光"。现年已是84岁高龄的李振华老人，关心下一代的脚步一天也没有停歇，几乎每一天都是那么忙碌。

1997年退休后，李振华设立了"振华青少年思想疏导热线"，先后与省内外290多名问题青少年保持联系，建立帮促关系，帮助他们疏导心结、树立正确的人生观。李振华还特别在报刊上刊发了《"转后"与"培优"同样重要》《认真做好未成年人思想道德建设》等文章，在全省关注青少年心理健康工作会议上作《关心下一代健康成长》的发言，利用多种途径和机会，呼吁全社会都来关心下一代，关注青少年的健康成长。他还利用担任山东省人大代表这一平台，20多年来提出"中小学开展感恩教育""学校建立学生心理咨询室"等建议、议案276条。

李振华对孩子的关爱无微不至，他特别重视校园安全、青少年法制教育，会定期检查校车安全、到学校食堂了解食品安全、劝导青少年切莫迷恋网吧，等等。他担任沂源县法制教育进课堂顾问委员、评审委员，亲自为学生讲解新修改后的《中华人民共和国宪法》，并创建了"道德讲堂"和"孝德讲堂"，每到开讲时，期期爆满，影响力相当大，好人好事蔚然成风。

留守儿童也是李振华特别关注的群体。他经常走村入户，主动了解留守儿童的情况，并从经济上资助他们，他的爱心感动并激励着每一个孩子，其中有50多个留守儿童在李振华老师的关心照顾下有了可喜的转变。

为了孩子的健康成长，李振华义务兼任31个单位的政治辅导员、顾问和名誉校长等职。几十年来，他先后在全国各地大、中、小学和机关、企事业单位、部队义务作理想、信念、孝道、事迹报告3300余场,听众达百万人次。"耕耘心灵无限美,洒向人间都是爱""从教一生情,甘为孺子牛"等都是听众发自肺腑对他的评价。李振华从不拒绝每一位邀请者,"能让我去讲,是对我的信任和尊重,我不能让人家失望。一年三分之二的时间都在外地作报告,我从来不感到累,能为社会做点事情,对我来说是最大的幸福。如果我的报告能对人们有所帮助,那是我一生最值得高兴的事。"

2001年3月,一座李振华的汉白玉雕像在沂蒙山深处的沂源县韩旺中学落成,这是乡亲们为了表示感谢之情,自发捐款为他立的。试问活着而被塑像瞻仰的普通劳动者,从古至今能有几人?这洁白无瑕的汉白玉雕像,凝聚了老区人民的眷眷深情,也叙说着这位教育专家扎根沂蒙山区、关爱下一代的动人故事。

李振华爱撒沂蒙的感人事迹,省委主要领导曾作出批示:李振华同志的事迹十分感人,是我们学习的榜样,应多予宣传,鼓励大家向他学习。淄博市委、沂源县委先后作出了向李振华同志学习的决定。省委宣传部组织26家各级媒体对李振华先进事迹进行了集中采访报道。《中国教育报》头版头条,在"教育脊梁"栏目中刊发了《李振华:洒向学生都是爱》教书育人的感人事迹长篇报道。中央、省、市电视台为他摄制了《情洒沂蒙山》《蒙山牛》等17部专题片,省市编写了《红烛》《爱满天下》《人民老师李振华》《教师楷模》等8部报告文学、小说、话剧、电视剧本近200万字。2008年9月,以李振华事迹为原型的高清数字电影《留住青山》在电视台上映,得到观众的好评。[1]

半个多世纪的悠悠岁月里,李振华把一颗永恒的爱心融进蒙山沂水,融进老区人民的心中。这位普普通通的人民教师,在平凡的岗位上默默奉献,诠释着一位共产党员的人生观、价值观,书写着一曲感天动地的奉献

---

[1] 中共沂源县委组织部,沂源县实验中学原校长李振华:播撒一生爱 关爱一生情[EB/OL].
https://www.dtdjzx.gov.cn/staticPage/news/dyfc/20190912/2599929.html,2019-09-12.

者之歌，激励着自己帮助的孩子们，感动着齐鲁大地的儿女们，为脚下这片热土继续无私奉献、艰苦奋斗，让沂蒙精神的旗帜久久飘扬。

（四）林业英雄：孙建博

孙建博，中共党员，1959年10月出生，山东昌乐人，淄博市原山林场原党委书记，全国人大代表。3岁时孙建博因病致残，为一级肢体残疾人。33年扎根基层，他凭着"千难万难，相信党就不难"的坚定信念，把负债4009万元的小林场打造成为全国林业战线的一面旗帜和国有林场改革的样板。2017年8月，山东省委书记刘家义在原山调研，强调原山改革发展是对习近平总书记"两山"理论的生动诠释。2018年，孙建博被人力资源与社会劳动保障部、全国绿化委、国家林业局授予共和国历史上第三位"林业英雄"称号，2019年被山东省委宣传部授予"齐鲁时代楷模"称号。[1]

1. 知难而进，扛起责任与担当

20世纪80年代中期，政府对国有林场实行"事业单位企业化管理"，原山林场作为首批试点单位，开始走向市场，探索"以副养林"的路子，先后借助银行贷款上了木工厂、奶牛场、印刷厂和陶瓷公司等副业产业。但由于管理不善等原因，林场副业经营并不成功，发展陷入困境。此时，市里又将濒临绝境的淄博市园艺场划归原山管理，原山林场外欠债务一度高达4009万元，经常出现有126家有名有姓的债主天天轮流上门讨债的情况。当时，原山林场每年几十起火警、火灾，园艺场职工一年多没领到工资，医药费三年未报一分钱，上千名林场职工守着绿色的大山要饭吃。

面对森林如何保护、职工如何生存、林场如何发展等重重困难，怀着

---

[1] 孙建博：生命呵护绿色，信念铸就人生 [EB/OL]. https://www.qlwb.com.cn/detail/10480036. html, 2019-07-22.

为国家做事、为职工解困的情怀，1996年12月，孙建博临危受命，担任国有淄博市原山林场场长，而这时，他经营的陶瓷批发生意正做得风生水起。在外人眼里，孙建博完全没有必要接手这个"烂摊子"，但是孙建博却说："作为共产党员，群众有困难了，党组织需要我承担这份责任，我就应该义不容辞、勇于担当。"这一年，孙建博是一名党龄刚满5年的共产党员。

2. 艰苦创业，践行诺言与使命

走马上任后，迎接他的没有鲜花和掌声，除了负债累累的"烂摊子"，还有部分干部职工消极悲观的情绪："正常人都管理不好，孙建博一个残疾人来林场能干啥？"提起那段往事，孙建博仍唏嘘不已，但他的眼神里却透着坚毅。他始终认为，原山林场要走出困境、获得发展，关键在党。全场180多名党员人人都应当是旗帜和标杆。正是因为有这样的认识和韧劲，孙建博在任职后第一次职工会议上就立下了誓言："我孙建博从今以后豁上这条命和大家伙一块干了。为了咱原山人过上好日子，就是累死在工作岗位上我也情愿！"

顶着压力，原山林场对下属6家亏损企业坚决关停并转，能股份的股份，能租赁的租赁，使有限的资金一下子盘活起来，同时又多方筹资建起了市场前景看好的纸箱厂、工具厂、酒厂、苗圃等。几年下来，林场的副业年产值达到5000多万元，不仅还清了外债，还为职工补发了工资，报销了医药费。前所未有的改革，使原山林场重新焕发了生机，甩掉了"要饭林场"的穷帽子。[1]

如今，经过几代林场工人的不懈努力，原山林场实现了从荒山秃岭到绿水青山再到金山银山的美丽嬗变。今天的原山已经发展成为森林覆盖率达到94.4%，活立木蓄积量19.7万立方米，拥有固定资产10亿、年收入过亿元，集生态林业、森林旅游、餐饮服务业（含工副业）、文化产业、

---

[1] 只为绿野满原山 愿做埋头栽树人 [EB/OL]. http://paper.dzwww.com/dzrb/content/20190227/Articel01007MT.htm, 2019-02-27.

旅游地产等多产业并举的"全国十佳国有林场",成为"国家AAAA级景区""全国重点风景名胜区",先后被授予"全国创先争优先进基层党组织""全国五一劳动奖状""全国青年文明号""全国旅游先进集体""全国扶残助残先进集体"等荣誉。2005年、2009年、2017年新华社内参选编先后三次对原山人通过改革率先在全国4855家国有林场中实现山绿、场活、业兴、林强、人富的先进经验予以充分肯定,认为原山林场的改革实践生动诠释了习近平总书记"绿水青山就是金山银山"的重要思想,为破解当前国有林场改革困局提供了现实样本,引起了各级领导的高度重视,原山林场被国家林业局树为全国林业和国有林场改革的一面旗帜。

3. 精神赋能,注重教育与传承

孙建博同志十分注重红色基因传承,在原山林场各项事业取得了明显进步后,他开始着手构建一座作为教育本场职工,传承林业人艰苦奋斗、永不忘本的纪念馆。2016年7月1日,在省市领导的倡导和支持下,经过重新组织打造,山东原山艰苦创业纪念馆正式落成,成为全国第一家系统展现国有林场改革发展、艰苦创业、敬业奉献的大型展馆,每年接待全国的学习培训团体达10万人次。"国家林业局党员干部教育基地""国家林业和草原局管理干部学院原山分院""中共国家林业和草原局党校原山分校""国家林业局党校现场教学基地""山东省党员干部教育基地"相继在这里挂牌,并被中央、国家机关、党校列入首批12家党性教育基地之一。[1]

4. 坚定信念,走向成功与辉煌

"不向命运低头,要战胜自我,正常人做到的事,我也能够做到,而且要做得更好"。担任原山林场场长后,为了不错过春雨过后的造林时机,孙建博一瘸一拐地亲自带领职工爬上陡峭的山坡植树,差点摔下悬崖。他为了联系林场业务,不断拓展林场市场,先后八次晕倒在出差的途中,职

---

[1] 孙建博:生命呵护绿色,信念铸就人生 [EB/OL]. https://www.qlwb.com.cn/detail/10480036.html, 2019-07-22.

工们心疼地对他说:"孙场长,你为原山、为职工操碎了心,你可要爱惜身体啊。"他总是淡淡地说:"不要紧,不把原山搞得更好,阎王爷是不会要我的。"在繁忙的工作之余,他以张海迪为榜样,读书写体会,忍着病痛撰写了自传《追寻太阳》,用自己的经历勉励自己,展现了一个共产党人身残志坚、努力战胜自我的高尚情怀。

正是凭借"千难万难,相信党就不难"的坚定信念,孙建博扎根基层,始终牢记作为一名共产党员要时刻为群众谋幸福的初心,把无私奉献、播撒爱心作为一种追求,把扶助贫困作为一项责任。在他当场长的10年中,共解决了1040名下岗工人的再就业问题,扶助贫困200余人次,合计资金200余万元;每年拿出近万元资助弱智学校,至今,共计资助了20余万元;承办了淄博市残疾人书画展,实行残疾人游原山免费,为残疾人增加配套设施,如残疾人通道、残疾人厕所等,吸收54名残疾人到原山就业,从事售票、卫生清洁等适应性强的工作。

生命呵护绿色,信念铸就人生。孙建博在平凡的岗位上取得了辉煌的成绩,是林业战线优秀基层干部的杰出典范,是共产党员保持先进性的一面旗帜,展示了当代务林人的高尚情操和昂扬斗态。孙建博的先进事迹和崇高精神,生动地回答了在新的历史阶段,党的各级领导干部和广大党员如何接受时代的挑战、如何履行党的宗旨、如何始终保持共产党人先进本色等问题。这个虽然腿脚不便却大半生都在跑着植绿护绿、建设林场、干事创业,爱树木胜过爱自己孩子的人,凭借常人难以想象的坚强意志,成为了当之无愧的林业英雄。我们的时代、我们的社会呼唤这样的人,正是有了这样的平凡英雄,我们才能在平凡中谱写伟大的奋斗诗篇!

第 三 章

淄博红色文化有机融入高校思政教育

第一节　红色文化与思政课程的有机融合

习近平总书记在全国高校思想政治工作会议上指出："我国高等教育肩负着培养德智体美全面发展的社会主义事业建设者和接班人的重大任务，必须坚持正确政治方向，高校立身之本在于立德树人"。思想政治理论课是高校对大学生进行思想政治教育的主渠道，是落实立德树人根本任务的关键课程，事关新时代高校"培养什么人、怎样培养人、为谁培养人"这一最重要的问题，在实现立德树人、提升大学生政治认同、增强四个自信、把大学生培养成建设中国特色社会主义事业的合格接班人方面发挥着关键作用。

一、淄博红色文化融入《思想道德修养与法律基础》课教学

《思想道德修养与法律基础》课（以下简称"基础"课）是一门帮助大学生实现立德树人目标，修身养性，成为可爱、可信、可贵、可为大学生的思想政治理论课。红色文化是以革命战争年代与和平建设时期所遗留的纪念地、标志物及其承载的革命历史、革命事迹和革命精神为基本内容的文化，它为"基础"课教学提供了优质的教育教学资源。"基础"课所用教材是全国统编教材，教材内容主题鲜明、理论精炼、重点突出，这就要求"基础"课教师在熟练把握教材的基础上，既要使课程标准与学生实际、社会实情相结合；又要合理利用地方红色文化资源，充实和拓展教材，使教材更有触感、温度和质量，增强教学的生动性、针对性和思想性，实现以情感人、以史育人。

（一）淄博红色文化融入"基础"课的可能性

"基础"课是高等学校第一学期开设的思政课。目前的大学生在社会思潮多元、信息渠道广阔、个体表达开放的社会中成长，这就决定了他们

的世界观、人生观及价值观是多元且多变的,而且,现实中各种利益诉求的复杂性、生活中情感需求反馈的交互性等都随时影响着他们"三观"的形成与发展。对高校来说,在"基础"课教学中,把淄博红色文化作为教学素材的重要内容,可以引导并帮助青年学子养成正确的"三观",一方面可以增强他们明辨是非的能力、加强对社会现实问题的判断和自我方向的选择;另一方面可以切实增强信仰、信念、信心,坚定中国精神,对中国特色社会主义"真懂""真信""真用"。

因此,淄博红色文化与"基础"课教学之间存在着高度的、天然的耦合关系,二者在价值导向、目标任务、内容要求、育人功能等方面高度契合,内在统一。一方面,红色文化滋养了高校思政理论课教师的家国情怀和政治信仰,拓展了其研究领域,是高校思政理论课教学的优质素材,同时红色文化融入高校思政理论课教学,可以有效支撑思政理论课的教材体系、丰富教学体系,提高思政课教学的针对性、吸引力和说服力;另一方面,红色文化借助高校思政理论课,可以获得优质的研究力量和关键的传承群体,使其得到系统、深入的研究,并借助思政理论课主渠道在大学生中进行广泛传播。

(二)淄博红色文化融入"基础"课的针对性意义

1. 淄博红色文化助力"基础"课实现教学目标

"基础"课是一门以习近平新时代中国特色社会主义思想为指导,开展马克思主义世界观、人生观、道德观教育,融思想性、政治性、科学性、实践性于一体的思想政治理论课,其目的在于引导大学生提高思想道德素质和法律素养。"基础"课在思想道德层面的目标是培养有理想、有本领、有担当的时代新人,在行为层面的目标是引导青年大学生坚定理想信念并为之努力奋斗,倡导大学生弘扬中国精神,践行爱国主义,求进求善、知行合一,弘扬和践行社会主义道德,做社会主义核心价值观的积极践行者。

淄博红色文化资源内容丰富、类型多样,包括很多革命先辈"苟利国家生死以,岂因祸福避趋之"的无畏精神和爱国深情;凸显着仁人志士们不怕困难、救国救民的奉献精神；展示了中国共产党人顾全局、讲自律的纪律意识；彰显了老一辈革命志士脚步铿锵、信仰不变的坚定理想信念，也彰显了广大共产党员勤劳、自律、奋斗、团结、自强、诚信等良好的个人道德品行。淄博红色文化的教育目标是以高尚的人格感召人，以革命的历史激励人，以爱国的情怀鼓舞人，这和"基础"课立德树人的教学目标相互补充、共同作用，有利于发挥更好的育人效果。同时，把红色文化与教学相融合，可以为"基础"课立德树人的教学目标注入更为浓烈的红色基因，强化政治教育，也有利于"基础"课授课内容与区域历史的无缝衔接。例如，"基础"课第二章第二节"马克思主义信仰、中国特色社会主义共同理想和共产主义远大理想"的内容，最重要的是要明确对中国共产党的信任。淄博红色文化用真实案例再现了中国共产党艰苦奋斗、努力创业的历史，反映了中国共产党在山东地区的发展和革命历史，见证了马克思主义在山东地区不断扩大影响、终成燎原星火的趋势，红色文化资源的物质存在和精神传承，为只有共产党才能救中国和只有社会主义才能发展中国这一真理做了最有力的注解。学生能够在生动鲜活的红色文化中感受今天幸福生活的珍贵，从而进一步坚定马克思主义信仰、中国特色社会主义共同理想和共产主义远大理想，进一步加强对中国共产党的信任和拥护，增强对中国特色社会主义的道路自信、制度自信、理论自信和文化自信。

2. 淄博红色文化助力"基础"课丰富教学内容

淄博红色文化在价值引领方面起到了不可替代的作用。红色历史可以修身、养德、明志、求真，"基础"课教学以红色历史为素材，利于做到言之有物、言之有理、言之有情，同时淄博红色文化内含的事迹案例、精神品质，更有利于提升"基础"课教学的趣味性和深刻度，有利于引导学生做到以下几点：

一是确立高尚的人生追求。"基础"课第一章的"人生的青春之问"，解读了人、人生、人生观的问题，主要内容包括理解个人与社会的关系、分辨正确的人生观、创造有意义的人生。大学生初入大学校园，他们有了更多的时间思考人生问题,也有了更多机会进行价值和方向的选择。在近现代历史上,无数共产党人在他们的青春年华抛头颅、洒热血,为了崇高的人生追求而孜孜不倦,在最艰苦的时代条件下仍然保持着革命热情和高尚的追求,他们选择站在人民的立场上,他们的价值在于对国家和人民的责任和贡献。淄博革命历史上也涌现出一批这样的人,譬如"一马三司令,得了抗日病,专打日本鬼,保护老百姓"的马耀南兄弟。少年时期,马耀南就立志保家卫国,以实现民族独立和人民解放为己任,学生时期便积极参与抗日游行。抗日战争期间,马耀南带领二弟、三弟奋勇抗击日寇。这种发生在大学生身边的淄博红色历史,给处于人生目标迷惘期的青年大学生选择人生道路、确定人生追求提供了绝佳的范本,为大学生确定立志成才、报效祖国的人生目标提供了极大的精神鼓舞。

二是坚定崇高的理想信念。理想信念教育是"基础"课教学目标体系中的重要内容之一。从生物学角度上,钙是人体必不可少的元素,理想信念就是人的精神之"钙",精神上缺"钙"就会表现为精神空虚、意志不坚、动力不足等。新时代的大学生应当坚定马克思主义信仰,坚定中国特色社会主义共同理想,心怀共产主义远大理想,并锤炼为实现理想而百折不挠的意志品质。淄博红色文化中的革命先辈们表现出的舍生忘死的无畏精神,就是为了实现民族独立、人民解放的伟大理想,为了实现共产主义而展开的不懈追求,比如马耀南三兄弟、特等爆破英雄马立训、渡河英雄何万祥、牺牲前打出最后一刻子弹的中国共产党党员王锐等,一个个红色人物的革命故事能够让学生更加深刻地理解理想与信念的关系,真正掌握崇高理想信念之于人生的重要意义。

三是展现真挚的爱国情感。中华民族精神的核心是爱国主义,在"基础"课第三章第二节"做忠诚的爱国者"以及第四章"践行社会主义核心价值观"第一节中社会主义核心价值观的基本内容里,爱国主义是重点学习部分,同时也是实现"基础"课爱国主义教育目标的重要一环。"基础"课在进行新时代爱国主义和社会主义核心价值观等内容的教学时,可引用淄博红色文化的历史素材,例如,抗日战争爆发后,在长山中学校长马耀南的支持下发起的黑铁山抗日武装起义，随着队伍的不断壮大，这支意志坚定、战斗力强劲的抗日铁军，在革命战争期间发挥了重要的作用；在淄川马鞍山保卫战中壮烈牺牲的王凤麟是八路军第一位熟悉火药并指挥使用炸药攻坚克敌的人，当时的山东纵队还为王凤麟开了一个爆破培训班，开设了我军培养爆破人才的先河；"四十年前中秋日，曦晨将兵泰莱西；千里艰险向何惧，一片丹心抗顽敌"是李曦晨的妻子在他生前战斗过的泰莱山区含泪写下的诗，字里行间透露着抗日英雄的无畏抗日心、拳拳爱国情……这些淄博红色历史往事中浓烈的家国情怀和无畏之心，能够让学生透过时光的缝隙，回到战火纷飞的革命年代，感受中国共产党的老一辈革命家为国为民的赤子之心，推动学生主动探寻新时代爱国主义的具体要求。

四是强化高度的责任意识。"基础"课中对学生责任意识和实践精神的启发和教导，是每一章节的出发点和落脚点。淄博红色文化底蕴丰厚，红色故事绵延至今，中国共产党人在任何时期都不缺乏责任担当意识。1953年，南京师范大学李振华放弃了留在大城市发展的机会，从南京来到山东沂源革命山区支教，在半个多世纪的时间里，李振华老师克服种种困难，用自己微薄的力量鼓励了几代贫困家庭的莘莘学子，改变了他们的命运，这是对共产党人勇于担当、牺牲小我、成就大我精神的最好阐述，是红色精神的延续和传承，李振华老师的责任担当意识深深影响着淄博甚至全国的教师工作者。对于广大青年大学生来说，这种精神同样震撼人心、催人奋进，对培养学生坚定的意志品质和主动担当责任意识、激励学生自觉承担中华民族伟大复兴的使命具有重要意义。

（三）淄博红色文化融入"基础"课的策略

为了丰富"基础"课的教学内容，提高教学质量，更好地实现红色文化与"基础"课的教学相融，提升大学生对"基础"课的学习积极性和对红色文化的认同感，需要从以下几个方面着手改善。

1. 加强顶层设计

为了让思政课教师有条理、有章法地把红色文化嵌入"基础"课教学当中，主动进行教学方式方法的创新，增强红色文化的融入效果，各高校应努力打造体系完整的红色文化融入思政课教学的模式。笔者认为，应该从四个维度着手：第一，教育维度方面要构建完整的教育目标、方法、实践和拓展体系；第二，课程维度方面要打造四门思政课程，包括思想道德修养与法律基础课、毛泽东思想和中国特色社会主义理论体系概论课、形势与政策课，以及党史选修课（视各高校实际开课状况而定），在融合红色文化时，四门课程要分工明确，避免重复和遗漏；第三，主体维度方面要依靠四类教育主体：思政教师、专业教师、辅导员教师、红色文化研究专家，同时这四类主体要注重协同互助；第四，场景维度要把握好思政课堂教学、校园红色文化、社会红色资源、红色网站等教育场景的转换及相互作用。红色文化融入"基础"课的这四个维度关注了"基础"课教学中运用的价值观切入点和道德情操侧重点，为"基础"课在教学中融合红色文化提供了顶层方案。

2. 凝聚各方合力

高校增强红色文化融入"基础"课的实效性，需要构建有效的协同机制，树立大思政理念，学校宣传部、学生工作处等部门要和马克思主义学院（思政部）一起凝聚共识、协同发力，建立传承红色文化与践行立德树人的长效机制：构建具有全面保障功能的"红色基因传承协同中心"，凝聚多方合力；保障红色教育资源得到合理有效的利用和传承；加强集体备课和开放式教学机制，努力保障红色基因融入立德树人全过程；打造红色资源共享平台，与地方党史研究院等部门单位加强合作，共享红色官方资源；构建红色文化的培训计划，提升教师的党史国史知识水平和专业教学能力；构建与各地政府的配合联动机制，不断深挖和开发红色教育资源，共同深度开发隐性红色文化资源，面向大学生免费开放红色文化遗址、党史展览馆、抗战纪念馆、烈士陵园等红色场馆。

3. 提升教师素养

要在"基础"课中有效渗透红色文化，必须加强教师队伍建设，努力提高教师基本素养，用创新的办法和理念开展"基础"课教学。一方面，要提高"基础"课教师进行红色文化教育的主动性和积极性。高校立身之本在于立德树人，立德树人则是在文化传统、国史党史的基础上进行的。习近平总书记指出："要让有信仰的人讲信仰"。"基础"课教师必须要有唯物主义的历史观和正确的革命史观，这样才能因事而化、因时而进、因势而新，把红色文化资源融入"基础"课教学实践之中。另一方面，要提升"基础"课教师的历史文化素养。只有教师本身对红色文化的内在本质精神有深刻的理解和相应的把握，才能真正挖掘出红色文化所内含的教育功能，才能有的放矢地创新红色文化的表现形式。最后，要强化"基础"课教师的生命教育理念。红色文化融入"基础"课的教学目的，是从思想源头关爱学生的生命成长，因此教师自身要热爱生命，具有强烈的生命体悟，而"基础"课教师的生命观会在教学中发生转移，让学生在学习红色历史的过程中产生更多的情感共鸣，把红色基因有效地传递到学生的内心。因此，在"基础"课育人过程中，提升教师素养是将红色文化有效融入"基础"课的重要路径。

总之，"基础"课作为针对大一学生开设的思政课，尤其注重对学生的价值观教育、理想信念教育、爱国主义教育，要充分利用红色文化的独特功能，把握好融合方法，采取全方面、深层次、多领域的新思路，增强红色文化与"基础"课之间的有机融合。

二、淄博红色文化与《毛泽东思想和中国特色社会主义理论体系概论》课程的有机融合

《毛泽东思想和中国特色社会主义理论体系概论》课程（以下简称"概论"课）是对学生进行政治教育、道德教育、人文教育和素质教育的重要课程，根据教育部颁布实施的新课程教学方案，课程以马克思主义基本理论为指导，以中国特色社会主义建设为逻辑主线，从历史与逻辑统一内在的角度，揭示了马克思主义在中国发展的历史轨迹，准确阐述了中国共产党把马克思主义基本原理与中国具体实际相结合的历史进程中所形成的两大理论成果，即毛泽东思想和中国特色社会主义理论体系。

将淄博红色文化融入高校"概论"课教学中，能够充分发挥高校思政

课的阵地作用。以红色文化信念为核心，通过开展形式多样的教育活动，加强学生政治认同、理性精神、法治意识和公共参与素养的引领与培养，使当代大学生牢固树立"四个自信"，增强实现"中国梦"的信心和决心，自觉做共产主义远大理想和中国特色社会主义共同理想的坚定信仰者和忠实实践者。

（一）淄博红色文化融入"概论"课的必要性

1. 理论结合实践，有助于实现红色文化的巨大思想价值

中国共产党领导人民群众进行红色文化创造的历史就是马克思主义基本原理同中国具体国情相结合的历史，就是马克思主义中国化与中国化马克思主义形成发展的历史。红色文化就是在运用马克思主义基本原理解决中国革命、建设和改革等实际问题的过程中形成和发展起来的，是马克思主义中国化的产物。将淄博红色文化融入"概论"课，有利于淄博红色文化资源的开发利用，引导学生关注本土文化，关注自己生存与发展的根，是地方高校坚持"二为"教育方针的职责所系。

（1）"概论"课与淄博红色文化相结合，有利于淄博红色文化的传承。地方红色文化要经过整理、包装和宣传，才能更好地走向社会。"概论"课要利用淄博红色文化资源，首先要利用自身人才的优势，在调查掌握大量的第一手材料的基础之上去粗取精、去伪存真，经过挖掘、整理、筛选，由此及彼、由表及里，使地方文化得到优化和系统化。例如，教师在讲解新民主主义革命时期理论知识的同时，可以充分挖掘淄博党史知识，同时依托淄博历史展览馆、黑铁山抗日武装起义纪念馆、马鞍山抗日遗址、淄博市革命烈士陵园等红色教育基地，充分发挥先进典型的教育引导作用；也可以通过深入了解在王尽美同志领导下淄博党组织成立的艰辛历程，深刻领会共产党人一生为了党的事业，披肝沥胆、鞠躬尽瘁的无私奉献精神。这种对地方红色文化有意识的培养和应用，更有利于其传承。

（2）"概论"课与淄博红色文化相结合，有利于促进淄博文化的创新和发展。20 世纪以来，淄博地区拥有丰富的煤矿资源，是胶济线上的重要枢纽，因此成为列强争夺的宝地。卢沟桥事变后，在中华民族危难关

头，中共山东省委遵照中央指示精神，结合山东实际，制定了分片分区域发动抗日武装起义、组建抗日武装的实施方案，开始发动抗日武装起义。黑铁山抗日武装起义就是山东抗日史上著名的抗日武装起义之一，揭开了淄博人民反抗侵略战争的序幕。起义部队毙伤日伪军近百人，在战斗中迅速成长，成为山东人民抗日武装的一支重要力量，谱写了淄博人民爱国主义的新篇章。

因此，革命文化是中国革命和建设光荣历史的见证，包含了体现社会主义、共产主义价值目标的精神形态，要大力予以传承和弘扬。"概论"课利用和培育淄博红色文化资源，能够使大学生看到地方文化的优势，增强对地方文化的认同感，使自己在接受教育的同时，把文明带回家乡，产生家庭效应和社会效应，进而形成全民的认同感和自豪感，为地方文化的发展提供精神动力，促进地方经济，如红色旅游、生态旅游、农家游、民族风情游的发展，为地方文化的创新和发展提供更好的平台和物质条件保障。

(3)"概论"课与淄博红色文化相结合，有利于发挥红色文化蕴藏着的巨大思想价值。红色文化孕育形成于烽火连天的革命战争年代，是中国共产党人在实现社会主义、共产主义理想的艰苦斗争中锤炼而成的文化。淄博红色文化同样也折射着共产党人孜孜以求的崇高革命理想、百折不挠的革命意志和坚定正确的政治方向，反映着党和广大人民群众追求理想、追求进步、追求美好生活的革命足迹和投身社会主义建设与改革的艰辛步履，是对大学生进行理想信念教育的重要载体和有效途径。

淄博这片红色热土上充分体现着共产党领导下的抗日武装在淄博抗战中的中流砥柱作用，如黑铁山起义、苇子河会议等，同时也体现了中华民族广泛的爱国统一战线性质，如第十二梯队、保安二十四旅级会道门组织等在抗战中的作用，"概论"课与淄博红色文化相结合，通过情景再现、老兵口述亲历抗战故事等方式，有利于在实践教学过程中积极引导当代大学生了解身边的英雄事迹，使其更加深入地理解"办好中国的事情关键在党，要不断增强党的政治领导力、思想引领力、群众组织力、社会号召力，确保我们党永葆旺盛生命力和强大战斗力"。

2. 理论结合实践，是实现"概论"课课程价值的内在需要

"概论"课的授课内容主要是马克思主义基本原理与中国实际相结合的历史进程及产生的理论成果，通过集中阐述马克思主义中国化的实践以及马克思主义中国化的过程中所形成的两大理论成果，促使学生进一步了解中国革命和建设的基本规律，树立对社会主义的道路自信，增强走社会主义道路的自觉性。红色文化是伴随着中国革命、建设与改革的脚步成长和发展起来的。在红色文化的百花园中，既有广为传唱的红色歌曲，又有荡气回肠的经典影视；既有曲折惊险的红色故事，又有关于中国革命、建设与改革的红色传奇；既有令人仰止的红色名人，又有令人敬佩的普通百姓；既有庄严肃穆的红色陵园、红色遗址，又有特色鲜明的纪念馆、人物故居；既有世人瞩目的经济、政治建设成就，又有日新月异的文化、社会建设成就。红色文化承载着勇往直前的革命精神、奉献精神、艰苦奋斗精神和改革创新精神，承载着厚重的历史文化内涵，这也决定着它能提升"概论"课的教育教学效果。

基于此，在"概论"课教育教学活动的具体实践中适当地引入淄博红色文化资源，可以帮助学生近距离地感受中国共产党为实现中华民族伟大复兴的中国梦而付出的不懈努力。例如，"生态兴则文明兴，生态衰则文明衰"，建设生态文明是中华民族永续发展的千年大计，新时代如何建设美丽中国、开创社会主义生态文明新时代，在《建设美丽中国》这一专题的教学中，就可以充分利用山东原山艰苦创业纪念馆开展实践教学。20世纪末，原山林场在孙建博同志的带领下，由所欠外债一度高达4009万元发展到今天成为拥有固定资产10亿、年收入过亿元，集生态林业、森林旅游、文化产业等多产业并举的"全国十佳国有林场"，成为全国林业和国有林场改革的一面旗帜，这一优秀典型生动诠释着习近平总书记"绿水青山就是金山银山"的重要思想。通过这种近距离的参观学习，有助于学生加深对"我们要建设的现代化是人与自然和谐共生的现代化"的理解与学习。因此，依托淄博红色文化资源开展"概论"课教育教学活动的实

践，能够开阔大学生理论与实践的视野，更能够有效地打通"概论"课课堂内外、教材内外以及学校内外的必然联系和有效互动，在一定程度上弥补了"概论"课教材内容的有限性，丰富和创新了"概论"课教育教学活动的内容、形式和途径，拓宽了大学生思想政治教育的渠道和内容。

我们进一步研究、开发和利用淄博丰富的红色文化资源，通过开发和运用这些教育资源，对广大青年学生进行马克思主义中国化理论成果的教育，可以使大学生正确认识社会发展规律，认识国家的前途命运，认识自己的社会责任；可以坚定当代大学生的社会主义和共产主义理想信念，确立在中国共产党领导下走中国特色社会主义道路、实现中华民族伟大复兴的共同理想和坚定信念；培养团结统一、爱好和平、勤劳勇敢、自强不息的精神，树立民族自尊心、自信心和自豪感，引导大学生在中国特色社会主义事业的伟大实践中、在时代和社会的发展进步中汲取营养，始终保持艰苦奋斗的作风和昂扬向上的精神状态。

（二）淄博红色文化有效融入"概论"课教学的策略

"概论"课的教学是思想政治理论课教育教学中的重要一课，是大学生了解中国特色社会主义建设道路、坚定对社会主义和共产主义理想信念教育的重要途径。在教学中，由于教学手段的单一，导致很多学生对于"概论"课缺乏学习兴趣，教学效果不佳。为了改善"概论"课的课堂教学效果，可以把红色文化贯穿于课堂教学过程中，以增强课堂教学的感染力、拓展课程教学的时空性。

1. 找准"概论"课程内容与淄博红色文化的衔接点

淄博红色文化资源丰富，但并非都能运用于"概论"课教学，找准二者的衔接点是实现二者融合的重要前提。例如，在第二章"新民主主义革命理论"的教学过程中，在讲授"新民主主义革命的对象"时，可以结合德国与日本对淄博路矿权的控制等事件，感受近代中国所遭受的巨大民族压迫；在讲述"帝国主义是中国革命的首要对象"时，通过日军的暴行，证明帝国主义是近代中国贫困落后和一切灾难祸害的总根源。

统一战线是新民主主义革命取得胜利的三大法宝之一，是"概论"课与淄博红色文化的又一衔接点。抗日战争爆发后，淄博地方党组织团结各党派团体和各武装部队，始终坚持广泛的抗日民族统一战线。为了集中各道会组织的武装力量，有组织、有计划地展开抗日斗争，1939年3月，八路军山东纵队第三支队干部、战士及护送部队270余人，由鲁北南下鲁南，途经博山太河镇时，遭到驻扎在此的国民党军事委员会别动总队第五纵队司令秦启荣所属王尚志部的袭击，2人当场死亡，20多人负伤，近200人被俘，此即太河惨案，又称博山惨案。这是抗日战争时期山东国民党顽固派制造的一次严重的反共流血事件。太河惨案发生后，遵照中共中央的指示，八路军山东纵队广大指战员协同作战，向太河地区王尚志部发起坚决的反击，收复了太河镇、峨庄等广大地区。1939年6月，中共博山县委在池上村召开了博山县各道会道首及骨干分子会议，成立了博山"九道"联合办事处，标志着党领导的抗日民族统一战线进一步扩大。经过一年多的斗争，消灭了淄博境内的反共顽固派力量，震慑了日伪反动力量，振奋了广大抗日军民的斗争情绪，巩固和扩大了抗日根据地。

在讲述第十章"培育和践行社会主义核心价值观"中，谈及为何要坚持马克思主义指导思想和树立中国特色社会主义共同理想时，可以以黑铁山抗日武装起义中革命先辈对马列主义的忠诚信仰和追求民族解放、民族复兴的坚定信念为例，这种直观性和真实性可以使大学生理想信念教育取得实效。

淄博红色文化融入"概论"课，课堂讲授只是个引子，目的在于引起学生关注，激发学生了解淄博红色文化的兴趣。充分发挥红色文化的育人作用，更需借助各种课外实践方式展开。

2. 结合地方特色事例，论证"概论"课的基本原理

例如，在实际教学过程中，要向学生阐述好"改革开放是决定当代中国命运的关键抉择"这个大原理，除讲清楚课本的道理外，可以利用图片或实地参观等形式，把淄博改革开放前后的面貌作比较，向学生充分展示各地改革开放取得的伟大成就和翻天覆地的变化，使学生获得直观感性的认识，从而更好地上升到理性认识的高度，认识到改革开放符合党心民

心、顺应时代潮流，其成效和功绩不容否定。

3. 采取形式多样的实践教学活动，深化教育教学的效果

贴近生活、贴近实际、贴近学生是毛泽东思想和中国特色社会主义理论体系进头脑的根本途径，也是"概论"课课程教学取得良好效果和最终实效性的根本原则和出发点。地方红色教育资源就在学生身边，是他们能够真实感受得到的内容，将其引入教学可以拉近课程内容与学生的距离，帮助学生加深对理论知识的理解。

在对"毛泽东思想活的灵魂"进行讲解时，可以通过辩论、演讲的方法，使大学生正确认识实事求是、群众路线、独立自主的关系。在对"新民主主义革命的动力"这一内容进行讲解时，可以引导学生了解淄博煤矿工人大罢工事件，通过情景剧的方式进行二次创作，让同学们切实感受中国革命胜利的来之不易。在对"邓小平理论"进行讲解时，可以带领大学生感受改革开放以来淄博特色街道的今昔变化，理解邓小平理论对社会各领域的影响，从而使大学生在了解邓小平理论知识的基础上认同邓小平理论的实践。思政课教学的目的在于育人，尊重学生自我教育的主体性，充分发挥地方红色文化的育人作用，通过合力提升育人效果。

4. 建立淄博红色文化基地，构建适时性的内容体系

通过对实物、革命前辈及家属亲身经历、革命歌谣、革命故事的发掘、整理，以及对革命老区现状的社会调查、分析等，对地方红色文化资源进行认定、研究和归类，然后根据学生的思维发展特点、接受知识的能力以及知识本身的逻辑顺序，对红色文化资源各项内容进行整合，构建起具有本土地方特色的红色文化基地，作为"概论"课等思想政治理论课教育教学延伸的辅助教材。可以编写地方特色教育乡土教材，形成时代性的教育成果，作为"概论"课的辅导读物。

新时代我们要坚持以习近平总书记在全国思想政治教育大会上提出的"八个坚持"和《新时代爱国主义教育实施纲要》为指导，深入挖掘红色文化资源之于"概论"课教学的重要作用，努力把思政小课堂同社会大课堂结合起来，推动红色文化与高校思政课实践教学的有机结合，让大学生

走近红色文化，接受红色文化的洗礼，认同红色文化，并以实际行动弘扬红色精神，传承红色基因。

三、与《形势与政策》课的有机融合

（一）《形势与政策》课的目的

党的十九大报告指出："文化是一个国家、一个民族的灵魂。中国特色社会主义文化，源自于中华民族五千多年文明历史所孕育的中华优秀传统文化，熔铸于党领导人民在革命、建设、改革中创造的革命文化和社会主义先进文化，植根于中国特色社会主义伟大实践。"淄博的红色文化承载着淄博大地上的共产党人光荣的革命传统和厚重的革命印记，如果有机融入《形势与政策》课当中，不仅能够为高校的《形势与政策》课提供生动的素材，而且让学生听着身边的红色故事，置身于身边的红色基地，印象会更加深刻、情感会更加真挚、作用会更加直接，这也是淄博高校进行思想政治理论教育的应有之义。

高校的《形势与政策》课，主要是对学生进行现阶段国内外形势与党和国家方针政策的教育，内容比较宽泛，时效性强，其教学目的在于引导学生用理性、全局性和整体性的思考方式来分析解决问题，了解世界、了解中国、了解山东、了解地方，把握国内外形势发展的来龙去脉，培育理性思维。

有的教师认为《形势与政策》课应该立足于"现阶段"而不是"革命史"，红色文化很难融入其中，这种理解是比较片面的。党和国家的方针政策范围相当宽泛，而党史教育就是"现阶段"最重要的方针政策之一。2021年2月20日，习近平总书记出席党史学习教育动员大会并发表重要讲话，强调"在全党开展党史学习教育，是党中央立足党的百年历史新起点、统筹中华民族伟大复兴战略全局和世界百年未有之大变局、为动员全党全国满怀信心投身全面建设社会主义现代化国家而作出的重大决策。全党同志要做到学史明理、学史增信、学史崇德、学史力行，学党史、悟思想、办实事、开新局，以昂扬姿态奋力开启全面建设社会主义现代化国家

新征程,以优异成绩迎接建党一百周年。"中共中央已经印发了《关于在全党开展党史学习教育的通知》(以下简称通知),就党史学习教育作出部署安排。通知指出,2021年是中国共产党成立100周年,为从党的百年伟大奋斗历程中汲取继续前进的智慧和力量,深入学习贯彻习近平新时代中国特色社会主义思想,巩固深化"不忘初心、牢记使命"主题教育成果,激励全党全国各族人民满怀信心迈进全面建设社会主义现代化国家新征程,党中央决定在全党开展党史学习教育。由此看来,作为高校思政课主要课程之一的《形势与政策》课,融入红色文化教育,不仅非常必要,也是新时代赋予《形势与政策》教学的价值使命。

(二)淄博红色文化融入高校《形势与政策》的价值分析

中共中央宣传部、教育部在《关于进一步加强高等学校学生形势与政策教育的通知》(教社政〔2004〕13号文)中指出:"形势与政策课是高校思想政治理论课的重要组成部分,是对学生进行形势与政策教育的主渠道、主阵地,是每个学生的必修课程,在大学生思想政治教育中担负着重要使命,具有不可替代的重要作用。"淄博地方高校的培养目标是服务地方经济社会发展的高素质人才,地域性是地方高校的重要特点,在教育资源的利用问题上,必须充分、广泛挖掘和引入富有地方特色的教育资源,《形势与政策》课也是如此,与地方特色文化资源做好功能衔接是必不可少的。

与国家整体的红色文化相比,淄博红色文化最大的优势是"近""亲""便"。"近"主要是距离近,就在学校周边;"亲"是由于在淄博地域范围内,耳闻目睹,有亲切感,易于接受;"便"主要是组织各种教育活动方便快捷,减少了由于距离远而带来的交通、费用等问题。不仅如此,淄博的红色文化教育价值虽然在全国的影响力不大,但是有机融入《形势与政策》课也有着很广泛的教育价值。

1. 有利于坚定学生的政治立场

淄博红色文化见证了共产党人在淄博大地上的奋斗历程,具有弘扬时代精神、进行政治教育的价值功能。淄博的各类红色纪念馆、英雄人物、红色故事等素材，彰显着共产党人自强不息的品格、崇高的思想境界和百折不挠的革命意志，具有文明传承的价值功能。通过理论凝练、课堂讲授、系统学习和实践教学，可以让学生从淄博这一局部出发去了解国家的全局。通过让学生了解淄博红色文化，可以培育大学生的理想信念和道德信仰，能够引导学生更深刻地理解"以人民为中心"这一发展理念的历史脉络，从而进一步弘扬时代精神，坚定大学生的政治立场，确保他们将来走向正确的人生道路。

2. 有利于增强学生的理论认同和心理认同

《形势与政策》课可以运用实践教学的方式，多带领学生参观周边的红色基地，多了解淄博英雄人物的光辉事迹，在教学中尽可能避免说教灌输的教学方法。通过学生深入实践、贴近生活，以身边的红色事例教育引导学生，可以提高学生的学习兴趣和思考能力。如在讲授"中国共产党的初心和使命"时，可以回顾王尽美在淄博的革命活动和大无畏的革命精神，指导学生思考他是为了什么、他的初心和使命是什么。这样的比较和思考，能够帮助学生从理论认同向心理认同转化，增强学生的思辨能力。

3. 有利于培养学生的担当意识

引导学生关心国事、承担社会责任是《形势与政策》课的重要教学目的，淄博红色文化提供了丰富的《形势与政策》课实践教学资源。通过实践教学，引导学生走访参观、实地调查革命纪念场馆、革命遗址，观看红色文艺作品等，利用业余时间担任各类场馆的义务宣传员，自己动手制作红色文化微视频等，使学生自觉投身淄博红色文化的传承和创新发展当中，在实践中加深对淄博当地红色文化的认知，升华对淄博红色文化和淄博大地的情感，培养学生的责任意识和担当意识，同时，也可以避免思想政治教育空洞说教的尴尬，使思想政治教育更具有吸引力、感染力和说服力。

4. 有利于塑造学生的人格

淄博红色文化既具有鲜明的地方特色，也包含着强烈的时代精神，在淄博大地上的革命先烈百折不挠的斗争精神，为大学生提供了净化心灵、陶冶情操、修养身心的最便捷、最鲜活的教材。触摸革命遗迹、讲述革命传统、聆听革命故事、追忆革命先烈的过程，就是学生健康人格塑造的过程。先烈们为民族解放敢于牺牲、勇于拼搏的顽强意志，在新时代艰苦奋斗的时代精神，无不包含着引导当代大学生摆脱享乐主义、个人主义、精神缺失的积极因素，帮助他们获得精神上的洗礼。

（三）目前《形势与政策》课的特点及其局限性

1. 内容衔接上的问题

相较于专业课程与公共必修课，《形势与政策》课在课时安排与教学内容上都有自己的特点。首先，要用较短的课时安排完成时事政治、国际形势等较多方面的教学，许多内容只能粗浅涉猎，或者采取自主学习等形式。由于管理与考核机制的限制，为了保证教学内容的广泛性，很难做到"深"。其次，从目前收集到的资料来看，淄博红色文化方面适合现在高校学生的教材还很少，特别是不能与《形势与政策》课的内容相匹配和衔接，并且授课教师自身对淄博红色文化的重点也不能完全掌握，因此如何与现有的教材内容无缝对接是需要好好研究的问题。同时，相较于时事政治等内容，红色文化方面的教育内容较为抽象，如何从外在形式转化为内在收获是一大难点。在此情况下，淄博红色文化融入《形势与政策》课就面临内容衔接和缺乏广度与深度的问题。

2. 教学形式不够多元

当前《形势与政策》课由于受到重视程度、师资问题、教学场地、大课制等因素的制约，教学形式受到很大限制，最广泛的做法仍然是采取传统的课堂教学、听讲座、看视频等形式。这虽然是学生们最熟悉、最适应的教学模式，一定程度上可以让其快速理解教学内容，但教学形式的单一也难以激发学生的学习兴趣，因而会影响到教学效果。从另外一个角度看，对学生来说，较多的专业课与公共必修课已经占用了大部分时间，由于这些内容与其学分要求等硬性考核指标相关联，因此学生往往投入较多的时间与精力，《形势与政策》课要在这些专业类课程之外继续保持学生的学习兴趣，就不得不采取更为多元的教学形式，这样才能取得更好的教学效果，但是目前《形势与政策》课还是很难做到的。

3. 高校学生认知不足

文化教育不同于专业知识教育，更强调对人精神层面的感召。《形势与政策》课不仅是让学生"知"（掌握知识），更重要的是"情"（培养感情）、"意"（践行意志）、"行"（化为行动）。采取传统教学形式，在"知"的层面固然有其优势，但是却难以达到"情""意""行"的目的。区别于专业课程较为清晰的评价体系，红色教育在评价上比较困难，多数只能是考知识点，因而导致学生思想上不够重视，缺乏主动思考和将外在学习转化为内心动力的意识。因此，淄博红色文化要巧妙融入《形势与政策》课，就要摆脱学生认识不足的问题，要大力完善学生的文化认同路径建设。

（四）淄博红色文化融入《形势与政策》课的路径

1. 提高站位，在内容上突破各种限制

首先，高校领导者应该充分认识红色文化融入《形势与政策》课的重要性，认识到除了专业知识与技能教育之外，学校更应有立德树人的责任意识，提高政治站位，将红色文化教育提高到与专业知识和技能教育同等重要的地位，甚至应该更高一格。在内容上，可以在一定程度上打破《形势与政策》课的课本限制，思想上更解放一步，给淄博红色文化教育留出更大的空间。德为才之帅，专业课程、专业技能学习固然重要，但是政治思想是学生走上社会后正确运用其技能的保障和引导。其次，要切实保障好《形势与政策》课的课时安排与人员配置，为《形势与政策》课提供必要支持。现在不少院校对《形势与政策》课有歧视的现象，认为"这门课谁都能上"，因而配备的教师多数是"老"（年龄比较大的）、"弱"（水平相对不高的）、"兼"（兼课教师），这大大影响了这门课的授课质量。再次，要大力支持《形势与政策》课，特别是课程中的淄博红色文化教育活动的开展，在资金、人力、时间等方面提供充足的保障。最后，要加大对《形势与政策》课教师的培训。苏霍姆林斯基在《给教师的一百条建议》中说过，"学校就像精致的乐器，它要奏出影响每个学生心灵的美妙和谐

77

旋律，就要依靠教育主体的人格来调准乐器的音调"。习近平总书记在全国高校思想政治工作会议上也强调，教师是人类灵魂的工程师，承担着神圣使命。传道者自己首先要明道、信道，高校教师要了解、掌握红色文化，并且身体力行，做出榜样。因此要在思政课教师中加强淄博红色文化教育内容的培训，并且结合地域实际来选取优质教学内容，通过交流与培训不断提炼优化优质课件。

2. 采取多元化教学形式

红色文化教育的实效是课程成功与否的关键，要求得实效，根本点是通过多种多样的教学活动与实践体验来促进其意志品质的养成。因此，首先必须结合高校学生的认识特点与教学实际，采取区别于传统专业课程的教育思维，创造多元化的教学形式。在《形势与政策》课教学中，淄博红色文化可以采取专题教学模式，通过教师集体备课，收集、汇总文字、音像等资料，策划以淄博红色文化为主要内容的系列专题，把淄博红色文化纳入课程资源建设过程。在教学过程中，灵活采用案例法、讨论法、情境教学法等多种教学方法，深化学生对课程的了解和全面把握。教学形式上，既要通过传统的教学途径帮助其了解淄博红色文化的内容与发展脉络，又要通过实地游学、实践教学、文艺活动、专题交流等形式，让学生在多元化的教学中切身感受红色文化，最终转化为内在收获，促进外在感悟传递到内心。

在教学过程中，要根据现代学生的特点，注重发挥新媒体、新技术的作用，增强《形势与政策》课教学的亲和力，可以采用网络教学的方式来创新《形势与政策》课程教学形式，多利用微博、微信等客户端向学生推送与课堂教学内容相关的文章、漫画、视频、帖子，利用新媒体与学生交流、探讨；还可以借鉴其他学校的先进经验，引入VR等先进科学技术，使学生真真切切地体验红色革命历史，增强课程的实效性。

3. 加强学生文化认同

红色文化融入《形势与政策》课的根本目的在于增强学生的理想信念，使他们在今后的人生中能够有足够的内在动力投入工作与生活。要达到这一目的，必须从其认同感入手。首先，在《形势与政策》课的教学过程中，必须始终牢记"教学形式的优化只是目的，让学生真正受到文化熏陶才是根本目标"这一中心思想，要围绕这一中心思想开展教学设计。其次，必须从学生的视角来思考课程优化的方向。从教学规律来看，学生与老师对同一内容可能有着截然不同的理解，学生的思维可能具有更多的发散性与片面性，必须利用其思维活跃的优势，同时注意从文化教育的全面性角度予以指导。最后，要从学生的心理特征来完善课程的教学重点，避免知识罗列导致课程内容枯燥，从学生的兴趣方向来设计课程的教学任务。

4. 开展相关辅助活动

结合现在开展的党史教育活动，高校可以推出淄博红色文化展览，以重大事件为主题，设置不同展区。另外，可以开展"淄博红色文化讲堂"，请老革命家和专家学者为学生授课，通过他们的讲述，让大学生重新了解那段激情燃烧的岁月，真切感受老一辈共产党人的艰苦奋斗历程，增加学生对红色文化的认同，实现对大学生世界观、人生观、价值观的教育。通过言传身教，激励广大青年学子自觉地把个人理想和社会理想、国家命运紧密结合在一起，为国家建设贡献自己的力量。还可以开展"党史教育实践教学周"实践教学活动，每个班级每个学年集中一周的时间开展德育实践，参加社会活动，观看红色影片，参观红色基地，切实提高党史教育教学的实效性。通过身体力行，使学生在"知、情、意、信、行"等方面有所提升，同时有效改善教学效果，提高思政教学的实效性。

第二节　倾力打造"淄"味芬芳的红色校园文化

一、红色基因融入校园文化的意义

校园文化是在长期的教育教学实践过程中积淀而成的，是育人条件、历史传统和校园氛围等物质因素和非物质因素的总和，是以学校办学理念、精神和风气等为主要特征的一种群体文化。加强校园文化建设，对整合育人资源、拓宽育人渠道、强化育人效果、提升学校品位具有重要作用，是全面提高教育教学质量、推进素质教育、建设和谐校园的重要举措。现如今，锤炼和塑造优良的社会主义校园文化已成为学校现代化管理的重要组成部分，是学校办学成功与否的重要标志。高校作为我国教育事业的重中之重，作为国家人才的培养基地，更需要做好校园文化建设。

习近平总书记指出："共和国是红色的，不能淡化这个颜色。"红色文化是中国共产党领导人民在革命、建设、改革进程中创造的精神文明成果，是马克思主义中国化的重要体现，是中华民族的特色文化，是中国人民宝贵的精神财富。在中华民族伟大复兴的进程中，建设中国特色社会主义现代化强国，构建社会主义核心价值体系和打造国家文化软实力，红色文化都是不可或缺的。

高校校园文化是社会主义文化的一个重要组成部分，是实施高校德育工作的一个有效载体。高校校园文化建设应以打造"校园美、校风正、教学好、科研强"为发展目标，弘扬和践行社会主义核心价值观，突出各自特色、现代教育特色。红色文化资源是"优质高效的教育资源，是中国共产党人优秀品质的凝结，具有形象直观、以史明理、昭示未来的教育功能"。将红色文化纳入高校校园文化建设，可以丰富高校教育资源，提升师生思想道德境界，促进高校"大思政"教育工作体系完善，推动和谐、文明校园的构建。

二、让校园文化"淄"味芬芳的意义

把地方的红色文化与特色文化有机结合，融入地方高校校园文化中，具有独特的教育价值，对传承优秀文化、提升师生素质、打造特色文化品牌都有着积极的作用和重要的意义。

（一）有助于传承红色基因

习近平总书记在参加十三届全国人大一次会议山东代表团审议时指出："红色基因就是要传承。中华民族从站起来、富起来到强起来，经历了多少坎坷，创造了多少奇迹，要让后代牢记，我们要不忘初心，永远不可迷失了方向和道路。"淄博红色文化发挥着弘扬革命精神、坚定革命理想的重要作用，在高校的校园文化建设中融入淄博红色元素，有利于红色革命精神深入人心，能起到"润物细无声"的教育作用。通过加强淄博红色文化教育，能够让学生深刻理解淄博厚重的革命文化和传统文化，养成良好的道德品质，促进红色"淄"味校园文化建设，传承淄博红色基因。

（二）有助于提高师生素养

淄博红色文化承载的育人功能，可以引导大学生树立正确的世界观、人生观、价值观。在校园文化建设中融入淄博红色文化元素，给师生创造一个有形而庄重的人文氛围，可以加深青年学生对淄博历史文化、优良传统的了解，有助于培养学生独立的人格、积极向上的价值取向、高尚的道德情感、强烈的责任意识，在浓厚的人文气息中促进大学生人文素养的提高，使他们成为兴趣广泛、情趣高雅、心理健康、豁达自信的人，为高校的"校风正、教学好"的发展目标提供强大精神动力。

（三）有助于构建特色文化

淄博的高校，要"淄"味芬芳，需要在"特"字上下功夫。淄博历史文化底蕴深厚，齐文化、聊斋文化、孝文化、陶琉文化独一无二，红色文化资源也十分丰富，涌现出了马耀南、焦裕禄、朱彦夫、孟祥民、孙建博等一大批英雄先模人物，他们是淄博的骄傲和自豪，也是宝贵的精神财富。淄博红色文化资源是淄博人民在中国共产党的正确带领下，历经千辛万苦而形成的宝贵革命资源。讲好淄博红色故事，弘扬淄博红色文化，传承淄博红色基因，既是淄博高校丰富思想政治教育的必要手段，也是淄博高校构建和谐校园文化的内在要求。把淄博红色文化融入校园文化建设中，是淄博高校同其他高校校园文化区别的显著标识。

三、"淄"味校园文化建设存在的问题

目前，大部分高校都认识到红色文化对思想政治教育的重要意义，也开展了一系列的教育活动，但由于存在着学生层面和教育教学层面的一些问题，导致此项工作有流于形式、走过场的情况，"重形式、轻实效、缺创新"的现象比较严重。究其原因，主要有以下几点。

（一）学生认同存在偏差

如今，高校大学生以"00"后为主，他们成长于社会大变革的时代，也是新媒体迅猛发展的直接受益者，他们乐于接触新鲜事物，导致更容易受到各种思想的影响。步入成年的大学生虽然世界观、价值观等各方面在逐渐成熟，但思想政治意识如果得不到有效引导，非常容易受到外界不良信息的冲击。有的大学生认为，在大学更重要的是学习文化知识和专业技能，这是将来立足社会的基础，对政治思想的提高有轻视的现象；有的大学生甚至认为红色文化是过去的东西，与当今时代没有多少关系；有的大学生认为思想政治教育是空洞的政治说教，只要自己不犯政治错误就可以了；甚至极小部分大学生对思想政治教育有抵触情绪，连当地典型的红色文化或历史名人都知之甚少。由于现实认识上的偏差，以及实际工作中存在的内容形式不够新颖、无法满足学生个性化需求的问题，使得学生学习兴趣不高，红色文化教育很难在学生内心中引起共鸣，地方红色文化融入育人体系的效果受到影响，本来非常有教育价值的红色文化，并不能够在育人过程中发挥出其重要的精神引领作用。

（二）"深"上挖掘不够

当前，党和国家对于红色文化越来越重视，党史学习教育正在全国各

地如火如荼地开展，各高校也都在开展丰富多彩的党史学习教育活动，但是要真正取得实效，避免"场面轰轰烈烈，效果马马虎虎"的窘境，需要特别重视深度上存在的两个方面的问题：第一是对红色文化研究深度不够。很多活动将红色文化知识拿过来用，但只是流于形式上的学，而没有挖掘红色文化背后的教育价值，学生仅限于学一些零碎知识，没有从根本上理解学什么、为什么学的问题，对这些知识背后的教育价值挖掘不够。第二是红色文化与教育教学内容融合不够。在课堂上，部分教师由于缺乏对红色文化内涵的理解和研究，往往是照本宣科，机械地套用，并不能够做到有机融合，这容易导致学生对红色文化兴趣不浓、关注度不够，更无法激发学生的共鸣，大大影响了教育的实效。这个问题应该引起高校管理者的高度重视，下大力气解决红色文化的"深"层次问题，这样才能更"有机"地融合，提高教育的实效性。

四、让校园文化"淄"味芬芳的途径

将淄博红色文化有机融入高校校园文化，最大限度地发挥其教育价值，需要学校管理者高度重视，也需要各个部门通力配合。具体来说，主要有以下几种途径。

（一）高度重视，科学规划

首先，需要高校领导者高度重视这一问题，拿出一定的人力、物力和财力，为此项工作提供必要保障。其次，要将红色文化融合在校园文化中，纳入学校校园建设规划，纳入学校思想政治教育发展规划。要整体设计，明确目标、方向和重点；分步实施，并做好评估和考核工作。做到这几点，需要有相应的机构负责此项工作，落实责任，形成各负其责、齐抓共管的工作格局。

（二）思政课程和课程思政有机结合，发挥主渠道作用

习近平总书记在全国高校思想政治工作会议上强调，要用好课堂教学这个主渠道，各类课程都要与思想政治理论课同向同行，形成协同效应。

淄博红色文化教育的主渠道是课堂教学，一是在高校思想政治理论课

的教学过程中融入淄博红色文化,二是各学科教学中也要注意有机结合教学内容,将淄博红色文化融入其中,丰富各学科的课程内容,这也就是通常说的"课程思政"。课程思政不是课程与思政的堆叠,而是把思政教育渗透到课程之中,实现课程与思政的有机融合,做到润物细无声,完成立德树人的根本任务。不管是思政课程还是课程思政,都要创新教学模式,从学生的实际出发,力求教育实效。

同时,高校要特别重视文学艺术类课程思政建设,高校的文学艺术类教学本身就是传播淄博红色文化的主要阵地,特别是中国当代文学,也应该发挥传播淄博红色文化、弘扬红色精神的作用。将淄博红色经典文学作品引入课堂教学,教学时既要从文学艺术的角度,透彻分析作品所产生的历史背景和作品的思想性、艺术性,更要挖掘作品蕴含的特殊意识形态功能和思想教育功能,要引导学生反复阅读、咀嚼、品味、欣赏,走进作品,贴近作者,感悟真谛,接受红色文学艺术的熏陶,提高文学艺术素养。

(三)开展丰富多彩的校园文化活动

学生社团是高校学生根据各自的兴趣、爱好、特长组织的自我服务、自我教育的组织。红色文化的实践教学强调的是教学与实践的结合,学生社团组织的校园文化活动是学生兴趣与实践的结合,学生组织的校园活动更能体现学生在校园文化中的主体地位,可以以淄博红色文化为主题,打造"淄"味浓郁的特色学生社团,大力开展丰富多彩的校园文化活动,如开展校园红歌大赛、红色故事演讲比赛、以红色经典为主题的微视频等。要充分利用好校园的宣传栏、广播站、网站、公众号,让淄博的红色文化在墙上看得清、耳朵里听得见、网上搜得到,同时学生亲身参与其中、充分体验,教育效果会更好。

(四)充分运用互联网等现代媒体手段

互联网的高速发展和快速普及,给人们的日常生活带来了极大的改变,网络已经成为了大学生生活的必要组成部分。通过学生广泛关注和使用的新媒体,如微博、博客、贴吧、微信和QQ群等快捷传播方式搭建教育教学平台,既是高校思想政治教育的必然趋势,也是打造"淄"味芬芳线上校园文化阵地的必然需求。高校要把网络当成思想政治教育的新渠道，对这些新媒体的关注、开发、利用和研究已然成为高校的一项新课题。传统的思想政治教育必须使用现代化媒介的种种优势，开辟具有时代特征、思想意义、内容丰富、服务多元的网络传播渠道，共同构建积极向上、特色鲜明的符合青年人生活习惯、表达方式和话语结构的红色网络文化，为关注和学习红色文化的广大学生提供新的途径。学校网站要通过互联网在网络文化中渗透淄博红色文化资源，也要利用微信群等便捷的线上联系方式，及时掌握学生的思想动态，为大学生提供个性化的红色文化教育，如建立高校马院网站、微信公众号平台等线上自媒体平台，协同市党史研究院等部门，充分做好宣传工作，并利用线上平台引导大学生展开讨论，运用现代媒体抢占文化高地，唱响主旋律，充分利用好网络，推动红色精神、红色思想和红色基因的发展，充分实现其对大学生的思想政治教育功能。

同时，要紧跟技术发展步伐，探索物联网技术的教学价值，将线上同线下进行有机融合，使淄博红色历史、革命历史可以更加鲜活地展示给学生。例如，用 VR、游戏和实景体验等技术打造新型思政实训教室，创造革命历史的真实场景，讲活党史、国史故事，让学生成为历史的"参与者"，让淄博红色精神跨越时空与学生相见，可以大大增强教育效果。

(五) 走出去，请进来

打造"淄"味芬芳的校园文化，需要淄博高校要与红色资源管理部门、教育主管部门建立密切的协作关系。一是大学生要走出去，高校要举办多种形式的社会实践活动和志愿服务活动，比如组织学生集体参观红色教育基地，或组织学生志愿服务队担任红色教育基地的义务讲解员等，让大学生多接触社会，把课堂上的理论与红色文化资源进行有机融合，让学生在实践中升华心灵，陶冶情操，感受红色文化的魅力，提高分析问题、解决问题的能力，在社会实践活动中，高校要科学设计，精准指导，引导学生将历史和现实结合、时代精神和优良传统结合，理论和实践结合。二是请进来。在红色资源管理部门、教育主管部门的支持下，采取红色文化宣讲团进校园、举办各类讲座、电影、宣讲、赠书等活动，教育引导学生们从小树立"知史爱党、知史爱国"的高尚情怀，让红色精神永远流传。

第三节 协同育人无缝衔接

高校的根本任务就是立德树人，高校要想实现"三全育人"（全员育人、全程育人、全方位育人），必须各部门互相协同、思政课程与红色教育资源密切协同，形成最大合力，这样才能提升高校思政教育的实效性。

一、加强领导，构建协同育人机制

为提升高校大学生思政教育和红色文化教育相融合（协同育人）的效果，要加强领导，发挥高校党组织的核心作用，进一步推进党政协同育人、辅导员和教师协同育人、基层党组织和各职能部门协同育人的机制，形成最大的教育合力。

（一）健全基层党组织的领导机制，加强领导责任意识

高校基层党组织是各项工作的基础，在立德树人的过程中也发挥着战斗堡垒的作用。高校基层党组织要将协同育人作为重要的工作，思想上高度重视，工作上落在实处，要将淄博红色文化资源融入思想政治教育的全过程，打造"三全育人"教育链，提升思政育人的合力。

（二）各部门密切协同，保障工作高效有序

对于高校来说，红色文化资源的利用是一个系统和复杂的工作，涉及各个方面，高校人事、宣传、教学、组织、统战、科研、学生、团委、保卫等各部门，要达成协同育人的共识，建立有效的联动机制，各部门之间要分工协作、密切配合，形成合力才能提高树人的效果。

（三）院系与学校管理部门的密切协同，确保无缝衔接

高校的各院系是教育管理中至关重要的一环。作为院系，需要和学校

各部门之间密切协同，做好工作的衔接。各院系要主动对接相关职能部门，在教学、科研、实践等各类工作中将红色文化教育渗透其中，最大限度地实现教师与学生之间的同频共振，做到无缝衔接。

二、利用红色资源，推进"思政课堂"协同育人

思政课作为高校思想政治教育的主渠道、主阵地，发挥着重要的作用。将红色文化教育融入高校思政课堂中，不仅有助于培养青年大学生的爱国主义情感，还能增强他们的社会责任感，提升他们对我国红色文化以及传统文化的认同。思政课堂利用红色文化资源这个载体，充实课堂教育内容，丰富课外实践活动，能够更加鲜活地感染和说服大学生增强爱国主义情怀和责任感。

（一）传承红色基因，丰富思政课堂内容

在高校的思政课堂上，思政教师一是要主动深挖红色基因和红色文化资源，将真实、生动、系统的红色基因文化资源形成红色文化教学资源库，结合《思想道德修养与法律基础》《毛泽东思想和中国特色社会主义理论体系概论》《形势与政策》等教材的内容，进一步将红色文化融入思政课堂之中，传播红色精神；二是要创新教学方式，借助多种教学手段，在课堂上运用现代信息技术，把相关的红色资源以文字、图片、声音、影像等形式，通过摆事实、讲道理的方式来丰富教学内容，让学生内心产生共鸣，深刻体会革命精神，在培养学生理想信念、提升学生的爱国主义情怀等方面发挥巨大作用，这样做可以让我们的红色基因薪火相传，让青年大学生不忘本，保持初心，同时也可以帮助大学生树立正确的世界观、人生观和价值观，充分发挥高校思政课的育人功能。

（二）利用红色教育实践平台，拓宽思政课堂空间

高校思政教师要将教育从课堂内延伸到课堂外，积极拓宽思政课堂的教学空间，开展思政课实践教学。作为培养爱国情感与红色基因传承的重要阵地，红色教育基地发挥着不可替代的作用。思政教师要充分利用好红色教育基地这个实践平台，深入开展红色文化社会实践活动，充分利用理

论讲授与现场体验相结合的方式，把学生带到革命旧址、纪念馆、博物馆等现场进行参观教学，后期通过对红色文化的理解，组织学生用歌唱或者演绎的形式，开展一系列实践教学活动，让学生充分感受到红色文化的魅力，从而提升青年学生历史责任感的高度，强化青年学生爱国主义使命感的意识。通过这种实践教学形式，能够进一步增强思政育人的感染力与说服力，提升青年学生的思想政治教育效果。在现实意义上，拓宽了思政课的教学平台，能够进一步引导学生树立正确的世界观、人生观、价值观。

(三) 搭建红色文化传播网络平台，增加思政课堂的辐射

中共中央、国务院曾在《关于进一步加强和改进大学生思想政治教育的意见》中指出，加强和改进大学生思想政治教育的其中一个主要任务就是以爱国主义教育为重点，深入弘扬和培育民族精神教育；还强调全面加强校园网的建设，使网络成为弘扬主旋律、开展思想政治教育的重要手段。

第一是思政教师协同学校各职能部门，努力构建淄博红色文化资源的传播网络体系，让青年大学生能够通过网络与红色历史和红色革命精神的直接对话，积极参与互动，以此实现自我教育，实现世界观、人生观和价值观的转变，并要大力宣传和推广，成立校园新媒体联盟；搭建红色文化的思想政治教育专题网站，开设相关微信公众号、微博、抖音等新媒体阵地，以声音、图片、视频、文字为载体，重温红色历史，把经典的红色故事和学生实践作业（如自编自演的红色经典舞台剧、唱红歌等），向全校师生推送。通过这一系列举措，在校内形成浓厚的红色文化氛围，切实推进红色文化进校园，融入学生的日常学习生活，提高红色教育的影响力。

第二是思政教师要充分利用线上教学来丰富思政课堂，突破传统思政育人的时空限制，扩大思政课堂的辐射面积。思政教师在课堂上要充分利用网络平台实现多媒体教学，打造红色课程网络线上教学。学生通过线上自主学习红色文化以及对网上资源的获取、分析，从而达到深化学习的目的。思政课教师还可以在线上开展学生讨论、抢答、提交作业等多种形式的教学活动，为学生在网络自学中答疑解惑，从而提高思政育人教学的质量和效果。

第 四 章

淄博红色文化研学

习近平总书记在十九大报告中曾指出："继承革命文化，发展社会主义先进文化，不忘本来、吸收外来、面向未来，更好构筑中国精神、中国价值、中国力量，为人民提供精神指引。"

结合新的教育形势，高校开展红色研学是十分必要的。作为一种新的教育形态，红色研学始终以立德树人为根本目的，倡导把学习与红色研学实践相结合，强调学思结合，突出知行合一，让学生通过参与实践教学，树立爱国主义情怀，形成高尚品格，践行社会主义核心价值观，达到实现身体和心灵共同成长的目的。

高校要主动依托本地的红色文化资源，建立学生实践教育基地，有针对性地开展红色文化研学实践活动，同时借助相关的爱国主义教育基地，进行红色文化教育和传播。红色研学的本质在于实践和感悟，因此，需要参与者身临其境、参观体验，还需要做到深入思考和产生心灵共鸣，达到坚定理想信念、践行社会主义核心价值观的目的。

第一节　淄博红色文化研学基地

淄博的红色资源十分丰富，遍布淄博的五区三县。我们从淄博的近代革命史和现代建设史中深挖红色经典，将体现淄博党史、革命史、奋斗史的一些爱国主义教育基地和党性教育基地作为红色文化研学的主要基地。

一、以爱国主义为核心的民族精神教育基地

红色文化是历史留给我们的宝贵精神财富，在中国特色社会主义进入新时代之际，我们要继续学习、发扬和传承。淄博市高度重视红色文化的传承，从新中国成立至今，根据不同历史时期红色资源的不同特点，建立了一批红色教育基地。这些红色教育基地，从不同角度记录了淄博的历史文化，反映了淄博人民英勇奋斗的光辉足迹，展现了中国共产党人不忘初

心、牢记使命，为中国人民谋幸福、为中华民族谋复兴的伟大历程，成为激发爱国热情、凝聚人民力量、弘扬民族精神、传承红色基因的重要场所。这些红色教育基地的建立，有利于淄博红色文化发挥教化育人、凝心聚力的作用，有利于促进党的思想政治建设、传播先进文化、提高人们的思想道德素质，增强爱国主义的教育效果。

（一）淄博历史展览馆

淄博历史展览馆

1. 简介

淄博历史展览馆，位于淄博市张店区联通路417号，即市档案馆的一楼。整个展馆分为两层，面积约3000平方米，主要以党的领导为主脉络，以时间顺序为主线，以各个历史发展时期的重要人物、重大决策、重大事件为主要内容进行布展。展览馆主要通过珍贵图片、珍藏品等实物，借助沙盘、场景复原、触摸屏、幻影成像、全息投影、水幕成像、4D影院等展陈手段，将淄博从古至今的历史变迁和建设发展成就，经济社会发展和党的建设的重要事件、重要节点，以及各个时期的历史风貌全面展示出来，生动形象地再现了淄博人民不屈不挠、牺牲奉献的伟大精神。

2018年1月，淄博历史展览馆被命名为第三批山东省党史教育基地；同年4月，被命名为第八批淄博市爱国主义教育基地。

2. 展馆内容介绍

淄博历史展览馆的前厅以大型浮雕的形式展现淄博悠久的历史，繁体字"齐"寓意淄博是齐文化的发祥地，古代战车象征淄博乘着历史的车轮滚滚向前。

主展厅由淄博概况、古代淄博、近代风云、峥嵘岁月、崭新纪元、改革开放、淄博荣耀等七个部分组成。

"淄博概况"介绍淄博的行政区划、历史沿革、人口、面积、自然环境、辉煌成就等。

"古代淄博"通过东夷文化、齐文化、聊斋文化、陶琉文化、齐商文化及历史人物、文化遗产等展现淄博历史文化的厚重。

"近代风云"主要介绍19世纪末20世纪初德、日两国先后侵占淄博、掠夺矿产资源、矿工反抗斗争及淄博近代工业发展等情况。

"峥嵘岁月"以王尽美和邓恩铭在淄博的革命活动、中共淄博党支部的建立、黑铁山抗日武装起义等为重点，向观众展现淄博党组织建立的不易和革命岁月的艰辛。

"崭新纪元"主要展示1949年新中国成立至十一届三中全会召开期间淄博经济社会的发展情况。

3. 淄博历史展览馆的研学意义

淄博历史展览馆从整体上展示了淄博各时期的历史风貌，发挥了展馆存史留鉴、以史资政的作用。通过参观学习，可以使参观者更深刻地了解淄博的发展历程，感受淄博人民奋斗不息、开拓进取、牺牲奉献的伟大精神，增强参观者的自信心和自豪感。

(二) 淄博红军师师史馆

1. 简介

淄博红军师师史馆位于淄博市张店区人民西路48号，于1995年10月落成，建筑面积2700平方米。红军师师史馆主要以大量珍贵图片、文物、艺术造型和声、光、电等多种形式，反映了淄博红军师这支部队80多年的战斗历程和精神风貌。1997年6月被中共淄博市委、市政府确定为市级爱国主义和国防教育基地，1998年5月被中共山东省委批准公布为省级爱国主义教育基地，2009年4月被山东省关工委、省委老干局、省教育厅、共青团山东省委联合命名公布为山东省关心下一代教育基地，2015年6月被解放军总政治部、共青团中央联合命名为"全国大学生社会实践基地""全国青少年学生核心价值观培育基地"。

淄博红军师师史馆

2. 展馆内容介绍

红军师师史馆的馆名由杨成武老将军亲题。馆内设置四个主展厅，包括序幕厅、第一展厅、第二展厅和第三展厅。

序幕厅通过大型铜浮雕壁画及由其拱卫着的圆雕军旗、国画等形式，反映了红军师多个历史时期在党的领导下一往无前的气势。

第一展厅主要由前言、土地革命战争时期、抗日战争时期、全国解放战争时期组成；第二展厅由社会主义革命和社会主义建设时期及将星璀璨、亲切关怀、英模烈士、题词等组成；第三展厅展出的是著名黑陶艺术家仇志海创作的最大的黑陶浮雕组画——《铁流雄师》，堪称艺术珍品、传世之作，也是史馆的镇馆之宝。

3. 红军师师史馆的研学意义

红军师师史馆主要是把爱国主义教育特别是对青少年的爱国主义教育、革命英雄主义教育、革命人生观教育作为光荣的责任和义务，面向军内外开放，深受部队和淄博人民的欢迎。参观者通过翔实的图文案例，可以了解红军师的光荣历史以及英模人物的先进事迹和崇高品质，展现淄博革命先烈的丰功伟绩和不屈的民族精神，真正让青年学生接受爱国主义、革命英雄主义的洗礼,从而增强爱国奉献和弘扬传统的自觉性。

(三) 黑铁山抗日武装起义纪念馆

1. 简介

黑铁山抗日武装起义纪念馆位于淄博市张店区共青团路,是由张店区委、区政府发出倡议,号召全区党政机关、人民大众捐资160万元而兴建的。纪念馆一共两层,建筑面积1300平方米,1995年纪念抗日战争胜利50周年之际奠基,1996年8月1日落成开馆。展馆包括纪念馆、纪念碑、纪念壁。纪念馆为淄博市市级重点烈士纪念建筑物保护单位、山东省爱国主义教育基地、山东省国防教育基地、山东省重点文物保护单位。2020年9月1日,黑铁山抗日武装起义纪念馆入选第三批国家级抗战纪念设施、遗址名录。

2. 纪念馆内容介绍

"黑铁山抗日武装起义纪念馆"匾额由原中央军委副主席张震上将题写。

走进纪念馆展厅,迎面是"义旗从这里举行"七个镏金毛体大字,两侧分别是"黑铁山起义歌"和"攻坚老虎师"师歌,当年悬挂第五军军旗的古槐树遗干被展出在门厅左侧,背后是黑铁山起义指挥部旧址图片。纪念馆展厅展出面积600平方米,陈列展出黑铁山起义部队用过的枪、刀、桌椅、办公生活用具及战场缴获的日军战刀、汽油桶、饭盒、手榴弹等实物35件;黑铁山起义相关图片、图板200余幅;参加起义的老将军、老前辈亲笔为馆题词题画墨宝30幅;老将军老前辈回忆录、文集、通信、照片原件150多份;国内各媒体有关黑铁山起义的报道100余篇。

纪念馆展厅布展从"抗战爆发"到"前事不忘,后事之师"共8个部分,较完整地勾划出了黑铁山起义的全过程。纪念馆以众多翔实的图片实物,再现了当年抗日的峥嵘岁月、腥风血雨。从黑铁山走出的英雄儿女们为中国革命建立的丰功伟绩,令人肃然起敬;拜读徐向前、杨成武、迟浩田、洪学智等领导人和当年起义老战士为纪念馆题写的墨宝,令人激情满怀。

纪念碑是1987年12月张店区委、区政府决定在黑铁山西半山腰建立的，1989年8月1日落成。纪念碑主体用紫红色花岗岩石砌成，呈并立的两支三八式步枪状，顶端连接部是一把白刃闪闪的刺刀造型，碑高21.7米，象征着这是一支在1921年7月1日诞生的中国共产党领导下的一支人民武装。碑的正面是徐向前元帅题写的"黑铁山抗日武装起义纪念碑"12个镏金大字，碑文镌刻在黑色大理石上，镶嵌在碑后依山劈出的石壁上。碑文高度赞扬了黑铁山起义部队在中国共产党领导下，在抗日战争与解放战争中转战南北、前赴后继浴血奋战的英雄业绩。碑前石砌50级台阶，标志着兴建纪念碑时，张店人民已经沿着黑铁山起义将士开辟的道路奋斗了50个春秋，步步登高。

纪念壁位于纪念馆以南，与纪念碑、纪念馆呈三角形分布，是黑铁山烈士陵园的主体建筑，由太平村投资30余万元修建，2001年7月1日竣工。纪念壁高8米，长24米，中心面宽19.37米，壁把中心宽1.226米。高8米，寓意着纪念壁在中国共产党建党80周年时揭幕，19.37米、1.226米象征着黑铁山起义于1937年12月26日举行。纪念壁正面上额是徐向前元帅题写的"黑铁山抗日武装起义烈士永垂不朽"，两边是迟浩田上将题写的"前事不忘，后事之师"，壁心是黑铁山起义英烈谱，镌刻着1937年12月参加黑铁山起义、牺牲时担任营级以上职务的56名著名英烈的事迹。

3. 黑铁山抗日武装起义纪念馆研学的意义

黑铁山抗日武装起义纪念馆是开展爱国主义教育的主阵地，1995年被授予"山东省爱国主义教育基地"，也是淄博市红色文化宣传重要阵地，其爱国主义教育功能日益凸显。该纪念馆主要通过实物、图片等形式呈现黑铁山抗日武装起义的过程，向参观者展现出强烈的爱国主义精神，激发青年学生的担当精神和责任意识，增强其民族自豪感和爱国热情，使其真正把"保家卫国、英勇奋斗"的爱国精神和革命精神牢记在心、落实在行，从而传承红色基因。

(四) 马鞍山抗日遗址

1. 简介

马鞍山抗日遗址位于淄博市淄川区太河镇小口头村。20世纪40年代初期，数十名八路军伤病员和抗战家属在马鞍山上英勇抵抗了飞机大炮掩护下的千余名日本侵略军的进攻，以鲜血和生命谱写了一曲气吞山河的反侵略壮歌，马鞍山也随着英雄的壮举而声名远播，成为后人进行爱国主义和革命传统教育的重要阵地。1977年12月，省革命委员会公布马鞍山抗日遗址为省级重点文物保护单位，后被列为山东省国防教育基地、山东省党史教育基地。2020年9月1日，马鞍山抗日遗址入选为第三批国家级抗战纪念设施、遗址名录。

2. 遗址内容介绍

为纪念在马鞍山保卫战中献身的英雄，1945年博山县政府在马鞍山建立了"马鞍山抗日烈士纪念碑"，碑通高210厘米，呈六菱形，上面刻有介绍马鞍山战斗的碑文、鲁山区专员徐化鲁题写的"气壮山河"四字、博山县长毛梓材的《马鞍山抗日烈士赞》题词，以及27名烈士的姓名。

整个纪念园规划面积51平方千米，建成面积8000平方米，包括纪念馆、战斗遗址、怪石林、钟鼓楼、华光寺等。

1982年，政府为纪念碑加筑了水泥结构的护碑亭，整修了登上山峰的台阶、护栏及山峰的掩体、指挥所遗址。1985年，在主峰的多处悬崖石壁上镌刻了廖容标、冯毅之、钱钧、李伯秋、吴瑞林的题词和诗词。

改革开放后，淄河镇投资近百万元开通了攀山公路，恢复了山上原有的玉皇阁、华光寺等建筑，重修了烈士祠堂，塑造了"一门忠烈"烈士群雕，修建了凌云阁等景点，安装了风力发电机组，将其建成了融革命传统教育与人文自然景观为一体的马鞍山风景游览区。

3. 马鞍山抗日遗址研学的意义

通过开展马鞍山抗日遗址研学，可以教育引导广大参观者充分认清日本侵略者在中国犯下的滔天罪行，牢记中华民族抵御侵略、奋勇抗争的历史以及中国人民在世界反法西斯战争中作出的巨大牺牲和不可磨灭的历史贡献。学习宣传马鞍山抗日英烈的英雄事迹，可以进一步培育和弘扬伟大的爱国主义精神，增强民族凝聚力、向心力。

（五）淄博煤矿博物馆

淄博煤矿博物馆

1. 简介

淄博煤矿博物馆的前身是淄博煤矿展览馆，位于淄博市淄川区淄矿集团机关驻地，于1981年7月建成开馆，由郭沫若同志题写馆名，占地面积20亩，建筑面积2900平方米。该馆是淄博市最早命名的爱国主义教育基地之一，有全国唯一的"北大井透水遇难矿工墓"，在全国煤炭行业中也为数不多、弥足珍贵。淄博煤矿博物馆被列为山东省党史教育基地、淄博市国防教育基地。

2. 淄博煤矿博物馆内容介绍

序厅由正面卷轴书写的28行、224个字组成的《淄矿铭》和两侧48平方米紫铜浮雕以及淄博煤矿博物馆的标志——上下呼应的"淄矿印象"组成，展示了淄博煤矿的过去、现在和未来。

淄博煤矿博物馆分为两层，由13个展室和1个矿工墓组成，共展出647幅图片和656件实物，展览以历史发展脉络为顺序，以每个时期的重要事件、重点人物、优秀成果为主线，采取以点连线、以线带面的表现方法，从自然、历史、人文等方面介绍了自唐代以来淄博地区煤矿的发展历史，展现了百年淄博煤矿起伏跌宕、化蛹成蝶的难忘岁月。

作为馆内全国唯一的"北大井透水遇难矿工墓"，一部分遇难者的骸骨就埋在这下面，这累累白骨记载着中华民族的沉痛灾难，更控诉着侵略者的饕餮罪行。

3. 淄博煤矿博物馆的研学意义

淄博煤矿博物馆藏品丰富、历史内涵深厚，是一个不可多得的爱国主义教育基地。通过研学，参观者可以更深刻地了解当时广大淄博煤矿工人在革命斗争中创造出的许多可歌可泣的伟大业绩，了解淄博煤矿工人运动对于山东乃至中国革命史、工人运动史发挥的重要作用，引导参观者要铭记历史，继承和发扬优良的革命传统，创造更美好的未来。

(六) 淄博市革命烈士陵园

淄博市革命烈士陵园

1. 简介

淄博市革命烈士陵园位于淄博市周村区南郊镇大埠山，占地 100 亩，其前身是周村革命烈士陵园，始建于 1948 年，原址坐落于周村城区中心，经省政府批准，1999 年建于周村城区东南大埠山，2000 年 3 月市政府正式批准更名为淄博市革命烈士陵园。2009 年 3 月份被国务院批准为"全国重点烈士纪念建筑物保护单位"，被省委组织部命名为"山东省党员教育基地"，被省委宣传部命名为"山东省爱国主义教育基地"。2013年10月，被省政府批准为第四批省级文物保护单位，被列为淄博市爱国主义教育基地、淄博市国防教育基地、淄博市关心下一代教育基地。

2. 淄博市革命烈士陵园内容介绍

烈士陵园占地百亩，坐南朝北，环境幽雅。陵园门额上刻有王一川手写的"烈士陵园"四个金字，步入陵园大门是游园广场，建有"十大功劳园""桃花园""吉祥园""樱桃园""玉兰园""梅园"等绿化园地，高6.2米的"为了明天"铸铜雕塑矗立其中。

沿石阶而上是3万多平方米的纪念广场，其中二层广场两侧分别建有浩气长存碑亭和南疆烈士碑亭（碑亭后面刻有329位烈士的姓名），三层广场建有革命烈士事迹纪念馆。

走出纪念馆，中央台阶左侧是鲁中著名抗日民族英雄马耀南、马晓云和马天民烈士的墓碑，墓东侧是徐向前同志的题词。台阶西侧依次是迟浩田、聂凤智等领导人为解放周村的题词，中央台阶两侧分别是反映抗日战争、解放战争时期的陶瓷壁画。

纪念广场上面是烈士墓区，450座黑大理石烈士墓碑平卧于绿草丛中，供人们瞻仰。沿108级台阶到达山顶，耸立于山巅的是革命烈士纪念碑。碑高19.99米，建于1999年。碑正面红色大理石上刻有毛泽东同志书写的"革命烈士永垂不朽"八个金字。陵园西侧通过15米的绿化带，设有功德园，安葬着900多位为淄博作出贡献的革命老干部。

3. 淄博革命烈士陵园的研学意义

淄博革命烈士陵园是缅怀先烈丰功伟绩、激励后人奋发向上的最佳教学场所。通过参观研学，可以激励参观者铭记先烈伟绩，用先烈的革命精神和崇高品德教育启迪和激励自己，进一步弘扬爱国主义和革命传统教育。

（七）马耀南故居

1. 简介

马耀南故居，位于淄博市周村区北郊镇。2015年6月23日，马耀南故居被山东省人民政府公布为山东省第五批省级文物保护单位，是周村区党员干部革命传统教育基地。

2. 马耀南故居内容介绍

马耀南故居的东侧是第一展厅，有"一马三司令"雕塑。由徐向前同志题词："马耀南、马晓云、马天民烈士永垂不朽"。

马耀南故居的西侧是第二展厅，主要介绍马耀南的革命经历，详细讲述了马耀南一生从教育救国到投笔从戎、英勇抗击日军的光辉历程。

3. 马耀南故居的研学意义

马耀南故居作为爱国教育基地，引导参观者了解马耀南的家世及其求学生涯、教学生涯、抗战初期组织抗日武装情况、在艰苦环境中英勇抗击日军的历史及辉煌战果，教育人们继承和发扬马耀南的爱国主义精神、优良革命传统，珍惜今天来之不易的幸福生活，激发人们爱党、爱国、爱人民的情怀。

(八) 六一八战备电台旧址

1. 简介

六一八战备电台

六一八战备电台，原为山东人民广播电台战备台，是华东地区规模最大、保存最完整的一处战备电台，被列为山东省党史教育基地、山东省国防教育基地、市级重点文物保护单位。它是20世纪60年代为适应国防需要,由时任济南军区司令员的杨德志将军亲自选址兴建的,位于山东省淄博市沂源县鲁村镇峨峪村北山中,海拔高度400米,相对高度200米,占地面积229亩,发射功率50千瓦,能够覆盖淄博、临沂、潍坊、泰安等13个市县。电台机房设在山中坑道内,坑道总长470米,施工面积2820平方米。2006年4月,六一八战备电台旧址风景区被批准为淄博市爱国主义教育基地和国防教育基地。2006年4月21日,六一八战备电台旧址风景区举行了隆重的揭牌仪式,尘封四十年的六一八战备电台正式对外开放,向世人揭开了神秘面纱。

2. 六一八战备电台旧址内容介绍

六一八战备电台两条坑道总长470米,分别向东西、南北方向延伸,内有战备值班、编辑、播音、设备、后勤保障等设施,外有钢炮、高射机枪等武装护卫,旨在省广播电台遭到破坏时,担负全省广播电视宣传任务。

坑道内不仅有电台所具备的各种机械设施、人员吃住和休息等设施,还充分考虑了一旦发生战争的安全措施,如"三防作用",即对核武器、化学武器、生物武器的防护。

电台机房里面保存了很多老式的广播设备等,具有浓郁的军事战备色彩。

3. 六一八战备电台旧址的研学意义

六一八战备电台旧址,展现了老一辈建设者用热血和青春作出的贡献。通过走进六一八战备电台旧址研学,探寻历史遗迹,缅怀峥嵘岁月,体验神秘的洞中生活,可以让参观者了解当时工作人员的工作和生活环境的艰苦,了解他们为祖国、为革命作出的巨大牺牲,引导人们抚今追昔,把前人艰苦奋斗、勇于牺牲、无私奉献、严守纪律的精神化为今天工作的动力。

二、以改革创新为核心的时代精神的党性教育基地

时代精神是一个社会在最新的创造性实践中激发出来的,反映社会进步的发展方向、引领时代进步潮流、为社会成员普遍认同和接受的思想观念、价值取向、道德规范和行为方式,是一个社会最新的精神气质、精神

风貌和社会时尚的综合体现。

新中国成立至今,淄博涌现出人民楷模朱彦夫、全国先进工作者孙建博、全国教育系统劳动模范李振华等闻名全国的英模人物,地方政府也结合他们的先进事迹,建立了相应的教育基地,供人们参观学习。

(一)朱彦夫党性教育基地

朱彦夫事迹展览馆

1. 简介

朱彦夫党性教育基地,位于沂源县张家泉村。基地始建于2014年2月,后于2017年重新改造提升,2018年6月29日正式对外免费开放。基地占地2.5平方千米,包括朱彦夫事迹展馆和实地教学两大部分。2019年10月被命名为"淄博市退役军人教育实践基地",2020年6月被命名为"山东省退役军人思想政治教育基地"。

2. 朱彦夫党性教育基地内容介绍

教育基地主要包括朱彦夫事迹展览馆、多功能报告厅、夜校、旧居、棚沟造地、友谊机灌站、红山梯田、大寨田等教学点。

朱彦夫事迹展览馆面积700平方米,布展面积415平方米。展馆共分六个展区:序厅(前言)、第一部分(保家卫国 身残志坚)、第二部分(不忘初心 勇于担当)、第三部分(中国保尔 极限人生)、第四部分(时代楷模 光耀千秋)、尾厅(结束语)。

展馆内展出图片2200余幅、实物860件,采用声、光、电等现代化的表现手法，给人以身临其境的感觉。展馆内既有雕塑、微缩景观、场景还原，又有动漫视频、同期视频，还有电子翻页书屏、触摸屏等，向人们生动地再现了朱彦夫在解放战争和抗美援朝战场上英勇杀敌，回村后带领群众战天斗地、脱贫致富，为教育激励后人，用嘴衔笔、残肢抱笔，顽强创作的一个个动人场景。

3. 朱彦夫党性教育基地的研学意义

朱彦夫是淄博优秀党员的代表，朱彦夫党性教育基地是一处对广大党员干部进行党性教育、爱国主义教育和革命传统教育的理想场所。通过参观学习，人们会更加为朱彦夫敢于担当、勇于奉献的精神所感动，以"时代楷模"朱彦夫同志为榜样，坚定理想信念，不断强化党性修养、宗旨意识和服务意识，在今后的学习和工作中发扬实干创新的时代精神，以高标准要求自己，扎扎实实做事，全心全意为民。

(二) 山东原山艰苦创业教育基地

1. 简介

山东原山艰苦创业教育基地位于淄博市博山区原山林场石炭坞营林区，规划占地面积 7500 平方米，建筑面积 5000 余平方米。基地以"艰苦创业"和"生态文明"为主题，集教、学、研、展为一体，全方位展示原山林场干部职工艰苦奋斗、改革创新的创业历程和时代精神。2018 年 3 月，基地被确定为中央国家机关党校全国首批 12 家党性教育基地之一。

原山艰苦创业教育基地

2. 山东原山艰苦创业教育基地的内容介绍

基地拥有原山艰苦创业纪念馆、党性体检馆、原山国家森林公园、大熊猫科普教育基地、原山山脉大区域森林防火体系等20多个现场教学点。

原山艰苦创业纪念馆，是全国首家以弘扬务林人艰苦创业、改革创新、无私奉献的大型展馆，布置"艰辛探索，石缝扎根""困境重生，迎风成林""创业不息，春风更劲""精神高地，山林长青""亲切关怀，情暖原山"等展厅，全方位展现了原山60多年艰苦创业的历程和宝贵精神。

原山林场紧紧围绕"不忘初心、牢记使命"主题教育这个主线，着力打造党性体检馆，建筑面积1000平方米，开设"不忘初心、方得始终""初心立于精神，精神激发初心""牢记使命、继续奋斗"等六大部分教学内容，并且增加了淄博党史的内容，传承红色基因，讲好淄博故事。

3. 山东原山艰苦创业教育基地的研学意义

山东原山艰苦创业教育基地展馆内的每一幅照片、每一处场景再现、每一件实物，都记载了60年来原山人发展创新的奋斗历程以及在改革浪潮中自强不息、艰苦奋斗、改革创新、务实奉献的精神。正是有了原山党员干部扎根林场为事业干、为职工干的勇于担当精神和"千难万难相信党、依靠党就不难"的坚定理想信念，林场才实现了由弱到强、跨越发展。"特别能吃苦、特别能战斗、特别能忍耐、特别能奉献"的原山精神，在现代化、信息化的今天，不但没有过时，而且有着更现实的意义，值得人们学习、吸收、升华。

（三）李振华事迹展厅

1. 简介

李振华事迹展厅位于淄博市沂源县青少年活动中心，2012年7月经沂源县委、县政府批准建设，同年10月建成开放。它是师德教育和青少年进行思想品德教育的基地。

2. 李振华事迹展厅的内容介绍

展厅面积650余平方米，由10大主题篇章、132个板块组成，展示照片900余幅、实物992件、雕像1尊、橱窗47个，有描述性文字4万余字。

李振华事迹展厅

大厅中央是一尊李振华同志的半身雕像，展厅从空间上由实物、展板、橱窗巧妙地划分为上中下三部分，分为"青春热血情　志向在沂蒙""许身孺子牛　爱心融真情""育人是楷模　治校是专家""传播正能量　提振精气神""牢记党宗旨　榜样是旗帜""关爱贫困生　圆梦有希望""牺牲与奉献　铸就红烛魂""当好代言人　担责有情怀""莫道桑榆晚　夕阳情更浓""一生红烛梦　永世沂蒙情"十大主题篇章。

展厅展出的实物、照片和影像，时间跨度达60余年，件件留有岁月的印痕，充满了历史沧桑感，具有珍贵的纪念、宣传和参考价值，真实、生动地再现了人民教师李振华65年扎根沂蒙山，教书育人、捐资助学，献了青春献终身的感人事迹。

3. 李振华事迹展厅的研学意义

李振华是教师的旗帜和榜样。李振华事迹展厅虽然面积不大，但是对于教师来说有重要的教育价值。通过参观学习，可以引导人们以李振华老师为榜样，弘扬大爱无疆的奉献精神，大力加强师德建设、努力培养高尚品德，在平凡的工作中扎扎实实做好每一项工作，在日常的生活中全心全意帮助每一个需要帮助的人。

（四）焦裕禄纪念馆

焦裕禄纪念馆

1. 简介

焦裕禄纪念馆位于淄博市博山区源泉镇北崮山村，北崮山是县委书记的好榜样焦裕禄的故乡，为了纪念他，博山区于1966年5月开始建立焦裕禄纪念馆，1967年1月正式开馆，建筑面积3400余平方米，占地面积达10000平方米，是全国最早的焦裕禄纪念馆。焦裕禄纪念馆作为省级重点文物保护和党风廉政建设教育基地，每年接待数以万计的党员群众前来参观学习。

2. 焦裕禄纪念馆内容介绍

焦裕禄纪念馆由三个展室组成，通过文字、照片、书法、绘画、音像、群雕、实物等真实、形象、生动地再现了焦裕禄同志全心全意为人民服务的一生。

走进焦裕禄纪念馆，迎面立在前院中心的是一座用汉白玉雕刻而成的焦裕禄同志的半身像，雕像后面，在连接两个展室高高的建筑物上，是江泽民同志亲笔题写的金光闪闪的"焦裕禄纪念馆"馆名，在其左右两侧第一、二展室的后墙上长20余米、高5米的2幅大型玻璃马赛克壁画，向参观者展示的是焦裕禄同志和广大人民群众一起追洪水、查封口、探流沙，深入实际、调查研究，翻淤压沙、植树造林、兴修水利，改变兰考贫穷落后面貌的生动场景。

第一、二展室主要介绍焦裕禄同志的生平事迹。

第一展室包括"前言""青少年时代""在工业战线上""县委书记的榜样"四部分，介绍了焦裕禄同志苦难的童年和盼翻身求解放、走上革命道路的经过。在这里，能够看到邓小平同志题写的"焦裕禄"书名，以及焦裕禄生前用过的《毛泽东选集》、专押恶霸的亲笔信、焦裕禄办公室复原等内容。

第二展室包括"挥泪继承壮士志，誓将遗愿化宏图""全国学习焦裕禄""焦裕禄的愿望实现了""在焦裕禄精神鼓舞下""结束语"，主要介绍了焦裕禄逝世后，全国掀起了学习焦裕禄的热潮的情况；在焦裕禄的精神鼓舞下，兰考人民和焦裕禄故乡人民战天斗地发生的巨大变化。在第二展室，能够看到毛泽东同志接见焦裕禄二女儿的珍贵历史照片，及外国参观者盛赞焦裕禄的留言；还可以看到一组由全国著名雕塑家仇志海同志创作的以焦裕禄的名言"吃别人嚼过的馍没味道"为主题的群雕，传神地再现了焦裕禄带领群众查风口、探流沙的高大形象。

第三展室主要是录音、录像和书法、绘画部分，包括党和国家领导人的题词，人民群众赞扬焦裕禄精神的书法、绘画作品，焦裕禄的夫人徐俊雅和子女们回忆焦裕禄同志、介绍各自成长历程的电视专题片等内容。

3. 焦裕禄纪念馆的研学意义

焦裕禄是县委书记的好榜样，焦裕禄精神是我们艰苦奋斗的强大思想动力，是激励我们求真务实、开拓进取的宝贵精神财富。通过开展焦裕禄纪念馆研学活动，能够弘扬焦裕禄精神，让新时代大学生深入了解焦裕禄的事迹，学习焦裕禄不怕困难、不惧风险、清正廉洁、无私奉献、求真务实的精神；以及深入群众、关心群众、身先士卒、以身作则的工作作风，引导大学生梳理正确的群众观、人生观。

第二节　构建淄博红色文化研学体系

一、红色研学的内涵

红色研学主要是以共产党领导人民在革命和战争时期建树丰功伟绩所形成的纪念地、标志物为载体，以其所承载的革命历史、革命事迹和革命精神为内涵，组织接待旅游者开展缅怀学习、参观游览的主题性旅游活动。为了更好地发挥爱国主义教育基地的作用，在"十二五"规划期间，中央决定将红色旅游内容进行拓展，将1840年以来170多年间的近现代历史时期，在中华大地上发生的人民反对外来侵略、奋勇抗争、自强不息、艰苦奋斗，充分显示伟大民族精神的重大事件、重大活动和重要人物事迹的历史文化遗存，有选择地纳入红色教育范围。红色研学是一种突出红色文化、红色教育属性的特殊研学实践活动，作为爱国主义教育的重要载体，红色研学以立德树人为根本目的，倡导把学习与红色研学实践相结合，强调学思结合，突出知行合一，让学生通过实践体验逐步形成高尚品格和社会主义核心价值观，实现身体和心灵的共同成长。

淄博拥有丰富的红色文化资源，它们是对革命时期红色文化的传承和创新，是淄博特色的优良传统和民风的集合。这些红色文化资源是优质的教育资源，蕴含着丰富的政治智慧和道德滋养，是淄博乃至山东的高校开展红色研学的重要目的地。依托这些资源，通过组织师生参加研学旅行的形式，以体验、参与、感受的方式对淄博红色文化产生更真实的感悟，可以加强学生对红色文化的理解，提升学生的思想政治素质；把爱国主义和红色传统、红色精神有效传播到青年学生中去，从而使党和国家提倡的主流社会价值和思想文化深入影响青年学生群体。

二、开展红色研学的重要意义

（一）发挥红色文化的重要教育引领作用

习近平总书记指出："要发扬红色资源优势，深入进行党史、军史和优良传统教育，把红色基因一代代传下去。"红色文化、革命精神是中华民族的宝贵精神财富，共产党在长期革命斗争实践中形成的井冈山精神、长征精神、延安精神和西柏坡精神等，都是民族精神在特定历史时期的升华。传承红色文化、弘扬革命精神是新时期对广大青年学生提出的新要求。充分利用革命传统教育基地和爱国主义教育基地的资源优势，开展红色研学，是革命传统教育和爱国主义教育的新形式。红色研学寓教于游、寓游于教，是革命传统教育方式的创新，是贴近历史和生活的大课堂，是新形势下人文精神的回归。我们要结合新的时代条件和当代青年大学生的特点，让红色文化所蕴含的具有鲜明的形象性、时代性和强大的感召力的革命精神发挥重要的引领作用，这些精神是党和国家的宝贵精神财富，在新时代放射出新的时代光芒。首先，发挥红色文化的重要引领作用，要注重知识灌输。要进行深入研究和挖掘，把党的历史上那些感人至深的事件、人物进行系统的整理。结合这些"原料"，再进行符合时代需要的生动呈现，通过多种渠道，实现主流意识形态与主流受众的有效对接，让学生认识到红色政权来之不易、新中国来之不易、中国特色社会主义来之不易，深刻理解中国共产党为什么能、马克思主义为什么行、中国特色社会主义为什么好，从而凝聚力量，为实现中华民族伟大复兴的中国梦而奋斗。其次，发挥红色文化的重要引领作用，要加强情感培育。知、情、行三个基本要素中，"知"是基础，"行"是关键，"情"是桥梁。我们要让学生对红色文化和革命精神不仅要知，更要"信"和"爱"，使红色基因浸入心扉，才能最终落脚到"行"上。

通过大学生对红色文化研学活动的亲身体验、感受，让学生亲近红色符号，参加红色主题活动，学习先烈的革命精神和道德品质，使大学生可以更深刻了解共产党的光辉历史，从先烈们身上汲取信念的力量、生活的勇气和前进的动力，激发爱党爱国的情怀，从而帮助学生树立坚定的理想信念，教育引导学生树立远大理想，培养学生革命意志和国家、社会认同感，进而推动社会主义核心价值观在学生中的贯彻落实，为成为国家建设的栋梁之才奠定思想基础。

（二）契合国家文旅融合发展的大背景

红色研学是革命传统教育观念和旅游产业观念与时俱进的结合，既是观念的创新，也是产业的创新，是我国旅游产业一个新的重要组成部分。旅游业在国际经济学界被称为"朝阳产业""无烟产业"：据世界旅游组织资料统计，旅游业每直接收入1元，相关行业的收入就能增加4.3元，旅游业每增加1个直接从事人员，社会就能增加5个就业机会。当前，旅游作为我国发展迅速的产业，其深度和广度都在不断拓展，"旅游+"模式业已成为产业深入发展的重要特征，其中"旅游+文化"便是其重要组成部分。旅游和文化的融合正是基于国家和个人两方面的需要。首先，国家倡导文化大繁荣，强调文化自信，文化中又要求突出爱国和主旋律。特别是2018年我国政府将文化部门和旅游部门进行合并，设立文化和旅游部，这个举动从国家层面释放出的重要信号就是文化旅游已经成为旅游业发展的重要趋势，旅游业已进入了文旅融合发展的时代。其次，相较于以往，如今的个人旅游更注重品质，以吃喝玩为主的消遣式旅游正向有品质、有收获感的内涵式旅游发展，带有文化内涵的旅游便有了市场，文化旅游的深入发展有了基础。红色研学正是旅游和教育以及红色文化三者相互融合的产物，它顺应当前的"旅游+"模式，有着旅游内在的红色文化基因，行使着教育的功能，也带动了当地的基础设施建设，改善了当地的招商环境，扩大了就业机会，增加了当地财政收入。因此，开展红色研学符合当下文旅融合发展的大背景，不仅是革命精神的实践之旅，也是推动经济发展的新引擎。

（三）符合素质教育在新形势下的新要求

素质教育的目的是立德树人，强调人的能力培养，树立正确的世界观、人生观、道德观是素质教育的关键环节。习近平总书记指出："理想信念是共产党人的精神之'钙'，必须加强思想政治建设，解决好世界观、人生观、价值观这个'总开关'问题。"开展红色研学，能够帮助学生坚守住崇高的信仰和追求，树立正确的世界观、人生观、价值观，这也正是素质教育新形势下的新要求。红色研学具备的实践性和开放性，能够将学生带出教室，走进自然、社会，通过主题课程，不断解决问题、探索知识，从而在潜移默化中培养和提高学生自主学习意识、自主管理和解决问题的能力，这也符合素质教育的能力培养目标。

（四）带动区域文化旅游事业的发展

红色研学不仅有很强的思想政治教育意义，还是区域文化旅游新的增长点。《2018年上半年旅游经济主要数据报告》显示，2018年上半年，红色旅游重点城市的436家红色旅游景区共接待游客4.84亿人次，同比增长4.83%，占国内旅游人数的17.13%；旅游收入达2524.98亿元，同比增长5.73%，占国内旅游收入的10.32%。[1]可以说，红色旅游已经成为旅游行业新的增长点。一些地区以红色旅游为连接点，将生态环境保护、公共服务、文化创意开发、旅游管理等领域跨界融合，推动红色旅游与文化、农业、教育、医疗、体育多元融合发展，培育富有区域特色的红色文化资源，逐步健全成熟的红色旅游合作模式，通过对红色文化资源不断优化升级，既提升了红色文化资源的吸引力和经济潜力，又提高了红色研学的教育性、趣味性、时代性、创造性，实现经济效益与教育成效双丰收。

正是由于红色研学在青年学生思想政治教育和区域经济社会发展中的重要作用，具有一般教育研学无法比拟的优势，使其日益受到青睐并成为市场上一种重要的教育研学形式。红色研学实践的发展需要对红色教育资源进行充分挖掘，从而促进和拓展当地红色研学和文化研学的发展。

充分利用好淄博的红色资源，大力支持和发展红色研学具有重要的作用：一是让淄博丰富的红色文化资源在实践活动中迸发出新的活力；二是通过让学生亲身感受和体验当地红色文化的形式，把淄博革命历史精神、

---

[1] 张力.文化赋能，推动红色旅游转型升级 [N].中国文化报，2019-3-16（006）.

淄博红色文化的内涵阐释出来，引导青年顺应时代需求，自觉当好红色基因的传承者、实践者，提高大学生的核心素养，让当代大学生成为传播红色文化和自觉践行社会主义核心价值观的中坚力量。

三、开展红色研学的关键要素

（一）红色资源

红色资源指的是中国共产党成立以后、新中国成立以前，包括中国共产党创建初期、大革命时期、土地革命时期、红军长征时期、抗日战争时期、解放战争时期等历史时期重要的革命纪念地、纪念物及其所承载的革命精神。

（二）研学课程（产品）

红色研学课程（产品）是在红色研学资源的基础上，根据研学受众特点与需求，按照教育与研学的规律，围绕红色研学资源的三大层次，开发与设计出的研学课程（产品）。对于研学受众而言（尤其是学生受众），红色研学基地提供的是红色研学课程；对于红色研学基地本身而言，这类课程便是基地自身的产品形态。

红色研学课程（产品）的开发与设计必须围绕红色主题、突出红色精神与主旨，贯穿体验与互动原则，注重空间资源的整合与融合，注重活动的考核与评价。

（三）研学群体

从国家有关部门对研学旅行活动的规定与推动情况来看，红色研学的受众对象主要是学生群体，红色研学基地也主要依据学生受众群体来进行建设。其他群体在红色研学基地开展研学活动，可以参照学生群体研学旅行开展。

（四）研学导师

研学导师一般为研学团队带队人员兼职，对于学生研学团队而言，研学导师是带队教师。不同于传统的导游，研学导师不仅担负着景点解说的工作职能，更重要的还要行使教师教育教学的功能。研学导师要对教育教学规律有较好的把握，具备组织一般课外教学活动的技能，同时还在思想政治素养方面有较高的要求。

四、淄博红色文化研学的基本原则

（一）以实践教育为基础，强化思政教育成果

"行是知之始，知是行之成"。在"大思政"教育工作体系的建设过程中，课堂教学与课外思政实践相结合显得尤为重要。组织学生参观淄博的红色文化纪念场馆等实践教学形式，将课堂思政知识与实践教育相结合，更有利于激发学生的兴趣，让学生在熏陶与震撼的过程中，人格魅力、道德意识、社会责任感得到提升，这是红色研学的核心价值追求。

淄博红色文化研学，要注意突出淄博的特色。首先要分析淄博高校学生的特点，找准学生的需求，精准发力，给学生输入正能量，通过开展研学实践活动，真正让学生成为具有健康心理和健全人格的"四有"新人。其次，要分析淄博红色资源的教育特点，在与学生的需求有机结合上做文章。

（二）以红色文化为内核，展示淄博文化魅力

坚持把红色文化研学与淄博悠久的历史、文化相结合，在研学过程中有机融合党性教育、社会主义核心价值观教育、大学生思想道德教育、爱国主义教育、革命传统教育等，在充分展现淄博红色文化内涵的基础上，与淄博的历史文化等有机结合，以红色文化为重点，以其他文化为辅助，相辅相成，增强教育效果。

（三）以学生需要为中心，提升学生综合素质

实地参观是研学活动的手段而非目的，研学活动的重点在于实践研学，在于传播和践行红色文化。组织学生研学实践活动，应该以学生的实践、学习需求为导向。淄博红色文化研学，是重温淄博革命历史的青年红色逐梦之旅，带队教师应该在研学过程中发挥指导作用，有意识地组织学生在研学实践的过程中讨论、分享自身感悟，引导学生在过程中学习、思考、领悟，另外要注重学生自身的体会和教育的实效。

五、淄博红色文化研学的组织实施

淄博红色文化研学是一种侧重实践、学习的研学形式,过程的组织实施会直接影响到研学的学习效果。在组织实施过程中,要注意以下几点。

(一) 做好研学活动前的准备工作

在进行研学活动之前,要完成翔实的活动方案,并准备应急预案。其中,此次研学活动要达到何种教学目的,是研学活动方案的重点。在研学活动开始之前,要预先对参加活动的学生进行培训,涉及当地基本情况、红色文化背景、可能出现的问题和应对策略等主题内容;教师应当指导学生查找相关资料,激发学生的主动性和积极性,引导学生正确对待研学活动。

(二) 多部门、单位协同发挥作用

红色研学活动需要学校和政府各部门的密切配合才能实施。淄博旅游管理部门应与驻淄高校密切合作,加强对研学基地的开发打造,把研学基地建设成为有吸引力、有文化氛围、能获得优质学习经验的地方,这需要教育主管部门、文化旅游主管部门积极组织专业人士和学者,设计编撰淄博红色研学旅行指南。指南应该包含淄博历史与文化简述、淄博经典红色景点的图片和简介、可供选择的探究性课题、红色研学路线推荐等,为学生开展研究性学习提供方向性指导和必要的基础性资料。驻淄高校应发挥教育主体地位,做好大学生淄博红色文化研学的组织工作,承担起"如何更好地发挥研学活动的教育意义"等课题的研究工作,配合各级主管部门做好校内淄博红色文化的宣传工作。

(三) 注重研学成果评价

为了使学生在淄博红色研学中获得好的效果,研学成果评价显得尤为重要。研学成果的评价既要包括研学过程的评价,如大学生研学过程中的表现评价、纪律评价等,也要包括研学结果的评价,如大学生研学感悟的评价。同时,研学成果的评价要形成长效评价机制,不能只看短期效果。

六、淄博红色文化研学的主要形式

（一）组织师生参观革命纪念场馆

革命纪念场馆是党和国家的红色基因库，作为新时代爱国主义教育主阵地之一，参观革命纪念场馆最能激发学生的爱国主义情怀。淄博的革命纪念馆有马鞍山烈士纪念馆、黑铁山抗日武装起义纪念馆等，带领学生循着革命先烈的足迹，到革命纪念馆凭吊革命先烈，缅怀英雄事迹，可以更加直观地了解可歌可泣的英雄故事，学习革命先烈们视死如归、前仆后继的英模事迹，感受革命先烈们的大无畏精神。

（二）组织师生参观教育基地

淄博市的教育基地有焦裕禄纪念馆、原山艰苦创业教育基地、朱彦夫党性教育基地、李振华事迹展厅等，学习模范党员的伟大事迹，突出"艰苦奋斗教育"主题，可以增强大学生对榜样的感性认知，学习他们艰苦奋斗、实事求是、迎难而上、无私奉献的精神，传播吃苦耐劳的优良风气，进一步传承具有时代特色的"生命不息，战斗不止"的艰苦奋斗精神。另外，可以根据学生专业优化研学配置，如学校可以组织师范类在校生参观李振华学习教育基地，使学生激励自己脚踏实地、一心向教、无私奉献，在平凡的教育岗位上作出自己最大的贡献。

（三）组织学生观看红色文艺演出

文艺演出是对红色文化的演绎和再现。淄博红色故事、革命故事蕴含着丰富的革命精神，仅从书本上学习已不能满足当代大学生对于红色文化的需求。淄博高校可以组织学生校内演出或邀请淄博市内专业机构进校演出，对淄博红色文化进行生动的演绎，讲活红色故事，演活红色教育，以更直观、更具冲击性的演出形式，带领青年学生忆峥嵘岁月，激发学生的爱国热情，持续谱写新的历史篇章。

（四）组织学生参加志愿服务活动

可以组织学生为淄博红色基地提供志愿服务，一是处理淄博红色基地的卫生问题，既可以利用周末进行打扫，也可以在研学参观期间自觉捡拾、清理基地的垃圾，为淄博红色基地提供力所能及的帮助；二是组织志愿服务队对淄博的红色文化进行多形式的宣传，如可以根据革命英烈的英勇事迹进行创作演出，以舞台剧的形式宣传淄博红色基地，弘扬大公无私的革命精神；三是组织挑选志愿服务学生担任淄博红色基地的义务解说员，学生可以利用空余时间到淄博红色基地对游客进行解说讲解，通过志愿讲解，学生可以对淄博红色文化进行再学习、再理解，同时也是对自己语言表达、社会实践等能力的一种锻炼。

七、淄博红色文化研学存在的问题及对策

（一）存在的问题

"读万卷书，行万里路。"开展红色文化研学是贯彻国家思想政治教育有关方针政策、深化教育改革、落实立德树人任务的重要举措，也是有效衔接学校教育和校外教育、拓宽育人渠道、拓展学生视野的重要途径，但是理论要真正落地，还存在很多问题。总体来说，淄博的红色文化研学存在的问题主要有：一是研学的重点还不突出。红色研学的目的是通过研学实践达到立德树人的教育目的，其重点应当是对研学师生的教育，而在实际的研学实践过程中，部分师生存在着"研学活动就是旅游"的误区，重"游"轻"学"，导致很多研学活动流于形式，没有达到提高认识、提升思想素质的目的；二是研学实践基地存在某些不规范的地方，一些研学实践基地过于看重经济利益，过度开发研学实践基地的旅游项目，而忽视了基地最重要的教育意义和价值；三是研学导师负担比较大，研学导师一般是高校教师兼职，一次研学活动一般只有1~2位教师带队，但在研学实践活动中，研学导师要负责讲解、安全、食宿等多种事项，负担大、压力更大，这也是导致研学实践效果不佳的原因之一；四是对文物的保护意识不强，部分研学基地为了开发研学项目而忽略对文物的保护，部分研学师生对文物的保护意识也不强，这些都可能对文物造成不可修复的损毁。

(二) 对策

1. 加强对红色文物的保护

不论是地方政府，还是实践基地的工作者、管理者，以及参与研学的教师、学生，都应该有强烈的保护红色文物的意识。政府要加大保护投入，管理者要科学管理，要注意深入挖掘红色文物的教育价值，在开发的过程中加强科学论证，以保护为主，不能为了过分注重经济利益而损坏文物。

2. 要高度关注研学的实效

首先要制定科学的研学实施方案。学校同基地加强沟通，每次活动都要有完整科学的计划和方案。要加强研学活动前的教育工作，激发师生的研学实践热情，引导研学师生形成正确的教育研学观；其次要完善研学实践的评价机制，研学实践活动结束后，要在总结实践经验的前提下形成研学团队的实践报告，参与研学的学生要形成个人的研学实践感悟，并由学校教师评分后入档保存。

3. 要完善研学导师的配置

高校要高度重视红色文化研学工作，配置更多的人力充实研学导师队伍，对于学校教师兼职研学导师的，学校应该在绩效分配、评优评价等活动中给予更多倾斜，以鼓励调动更多教师成为兼职的研学导师。要建立学校教师和实践基地的专门导师相结合的研学导师组织架构，密切学校与研学基地的联系。

4. 要注重打造研学的品牌

打造淄博特色的红色文化研学品牌，形成淄博特色的红色文化研学模式势在必行。淄博市要科学规划，根据红色文化的特点，开发有淄博红色文化特色的研学线路，建立体验式、基地式、融入式、熏陶式的红色文化教育新模式；另外根据学生的需求，推出菜单式教学课程，按照"组织管理求严、研学内容求新、研学形式求活、研学方法求变、研学效果求实"的原则打造淄博的红色文化研学品牌，吸引淄博及周边地区乃至全省、全国的大学生来参加研学实践活动。淄博高校应担负起自身的社会责任，深入研究淄博传统文化和红色文化，用理论成果为淄博红色文化研学提供更深层次的理论支撑、文化支撑。淄博高校应加强研学人才的培养，为淄博研学市场培养更多优质人才。政府部门应该发挥主导作用，联合各部门、各高校共同打造具有淄博特色的红色文化研学品牌。

5. 要注重运用融媒体创新红色文化研学方式

融媒体传播打破了时空传播局限，将文化的传播从传统的数字、图片形式逐步转为数字化符号，使文化的传播跨越国家、地区、民族障碍，实现共生交融。融媒体传播所具备的高时效性使得红色文化传播路径在已有基础上得以拓展，进而使得红色文化的传播效率及效果都得到了显著的提升。在融媒体环境下，要想更好地实现红色文化的传播与发展，必须牢牢抓紧融媒体对红色文化传播的优势，最大限度地加以利用，推动红色文化多维交互立体传播模式的构建。为了更好地借助融媒体之力，创新淄博市红色文化研学方式，首先可以考虑由政府主导，高校和红色研学基地密切协作，将淄博市的红色文物、红色遗迹和红色人物精神进行梳理整合，建设淄博红色文化资源数字平台，供高校在内的各级单位使用；其次是运用前沿媒体技术，建设淄博红色文化资源网上虚拟展馆，通过现代技术手段，将实体展馆搬到线上，可以方便高校学生浏览学习，有利于提高实效性，也是扩大淄博红色文化吸引力和影响力的重要手段。

总之，淄博的红色文化研学还处于探索时期，必须立足淄博实际，兼顾淄博高校研学需求，发现存在的问题和不足，采取科学对策，以扎扎实实的措施促进淄博红色文化的传承，提高高校学生的思想政治教育效果。

参考文献

[1] 中共淄博市委组织部，中共淄博市委党史研究院.中国共产党淄博简史（1921-1949）[M].北京：中央党史出版社，2019.11.

[2] 中共淄博市委组织部，中共淄博市委党史研究院.淄博红色经典（第一辑）[M].北京：中国文史出版社，2020.12.

[3] 高晓妹，路洋，周晓伟.革命文化在地方高校《形势与政策》的应用价值探析[J].延安职业技术学院学报，2018.6.

[4] 孙猛.胶东红色文化融入《形势与政策》课程的研究——以山东商务职业学院为例[J].开封教育学院学报，2019，39（04）：187-188.

[5] 杨素祯.晋北红色文化资源与大学生思政教育融合模式研究[J].山西大同大学学报（社会科学版），2019，33（02）：99-101.

[6] 彭东琳.红色文化在《形势与政策》实践教学中的价值[J].高教学刊，2016（15）.

[7] 唐丽雯.沙家浜红色文化融入高校形势政策课程的路径研究[J].传播力研究，2020（20）.

[8] 孙立华.对红色文化研学融入高校学生党建工作的思考 [J].渤海大学学报（哲学社会科学版），2020，42（04）.

[9] 崔凤台.论黑铁山起义胜利的原因及其历史意义 [J].理论学刊，1991（3）.

[10] 马璇.运用融媒体创新红色文化资源传播方式调查[J].东中部经验，2020.

[11] 王素萍.强化协同育人 提升思政教育实效[J].高校思政，2018.

[12] 郭素莲.地方红色文化资源融入高校思想政治理论课实践教学的路径探析——以淄博地区红色文化资源为例 [J].东中部经验，2020（4）.

[13] 胡松，杨宇光，朱小理."红色资源"的界定及其转化的必然性[J].赣南师范学院学报，2009（5）.

[14] 张颢.论红色资源开发在高校思想政治教育中的作用[J].前沿，2007（07）：101-104.

[15] 曾绍东.论红色资源在大学生思想道德教育中的应用[J].江西行政学院学报，2007（3）.

[16] 吴娜.红色文化记忆与国家认同[J].新疆社会科学，2017（3）.

[17] 居继清，左静雅.关于红色文化与高校思政课教学精准对接的几点思考[J].通化师范学院学报，2018（8）.

[18] 程东旺，黄伟良."红色文化"的价值形态与德育功能探析[J].现代教育科学，2006（2）.

[19] 杨芳，郭万牛.新媒体语境下高校思想政治教育的理性转型[J].南京政治学院学报，2013（2）.

[20] 汪谦干.谈谈大别山红色文化的内涵[N].安徽日报 2015-06-23（07）.

[21] 陈始发，李立娥.红色文化资源在高校思想政治理论课教学中运用的思考[J].思想理论教育导刊，2014（11）.

[22] 中共淄博市委组织部，中共淄博市委党史研究院.淄博红色经典（第一辑）[M].北京.中国文史出版社，2020.12.

[23] 薛世孝.王尽美、邓恩铭与淄博煤矿早起工人运动[J].中国矿业大学学报（社会科学版），2012，14（03）：110-113.

[24] 张立民，李永红.淄博历史上的第一个党组织——中共淄博支部[J/OL].淄博市情网史志期刊.2018（1）.

[25] 王伟年.井冈山红色研学旅行发展思考[J].井冈山大学学报（社会科学版），2019，40（04）：20-27.

[26] 刘丽萍.新时代背景下红色文化融入高校思想政治教育的研究——以江西省为例[J].西部素质教育，2019，5（06）：38-39.

[27] 谭玉兰.浅议校园红色文化建设[J].新西部（理论版），2017

(19)：113–119.

[28] 武虹."互联网+背景下"的河北省红色旅游资源开发与大学生思政教育融合对策研究[D].广西师范大学，2017.

[29] 张慧.江西省红色旅游发展模式研究[J].老区建设，2017（04）：54–56.

[30] 胡明红.论红色旅游的现状和可持续发展 [J].中国市场，2016（30）：215–216.

[31] 蔡晓光.红色文化与环渤海区域的红色旅游资源开发研究[D].天津师范大学，2016.

[32] 吴志辉.浅论校园文化建设对学校发展的作用 [J].考试周刊，2016（27）：169.

[33] 王军参.浅析红色旅游纪念地与社会主义文化建设的关系[J].党史博采（理论），2016（03）：37–38.

[34] 庹盼.发展红色旅游的四个重大意义 [J].中外企业家，2014（23）：209.

[35] 王晶晶.红色文化转化为高校教育教学资源的途径与方法研究——以遵义师范学院为调研对象 [J].遵义师范学院学报，2013，15（02）：110–112.

[36] 李琳.论红色旅游在思想政治教育中的价值[D].湖南师范大学，2010.

[37] 王青春.加强校园文化建设 推进学校和谐发展——中小学校园文化建设理论与实践思考 [J].当代教育论坛（宏观教育研究），2008（01）：62–63.

[38] 雷召海.红色旅游理论梳理与实践建议 [J].中南民族大学学报（人文社会科学版），2005（05）：103–107.

[39] 方世敏，阎友兵.红色旅游研究 [M].长沙：湖南人民出版社，2007.

[40] 姬连庆.黑铁山抗日武装起义 传承铁一般的革命精神[J/OL].

鲁中红色旅游, 2018-02-11.

[41] 王英.红色文化资源与"概论"课教学的有机融合研究[J].吉林农业科技学院学报, 2018, 27 (04): 59-61+64+119.

[42] 蒋淑晴.依托安徽红色文化资源开展"概论"课教育教学活动的实践[J].滁州学院学报, 2015, 17 (06): 110-114.

[43] 王兴波.四川红色文化资源融入《概论》课教学研究[J].技术与市场, 2015, 22 (11): 250-251.

[44] 贾瑜.湖南红色资源在《毛泽东思想和中国特色社会主义理论体系概论》实践教学中运用研究[J].湘潮（下半月）, 2015 (08): 11-12.

[45] 王驰, 胡建.川东北红色资源融入高校思想政治理论课方法探析——以"毛泽东思想和中国特色社会主义理论体系概论"为例[J].教育文化论坛, 2015, 7 (04): 119-122.

[46] 刘振强.以湖南红色资源为载体的"概论"课实践教学创新[J].怀化学院学报, 2013, 32 (03): 114-117.

[47] 姚红艳.红色资源转化为"概论"课教学资源的探讨[J].淮海工学院学报（人文社会科学版）, 2012, 10 (19): 64-66.

[48] 胡耀南, 骆元卡.论红色资源在毛泽东思想与中国特色社会主义理论体系概论课教学中的运用——以百色红色资源为例 [J].百色学院学报, 2011, 24 (06): 48-52.

[49] 刘武军."毛泽东思想和中国特色社会主义理论体系概论"课开发利用地方特色教育资源的思考[J].百色学院学报, 2009, 22 (01): 93-96.

[50] 淄博市地方史志办公室编译.淄博抗战日记 [M].济南：黄河出版社, 2015.

[51] 政协淄博市委员会编.淄博抗战纪事 [M].济南：黄河出版社, 2015.

[52] 吴程程.红色文化在高校思想政治教育中的作用及实现路径 [J].西部学刊, 2020 (7).

[53] 陈金龙, 朱斌, 刘意.继承与弘扬：新时代革命文化研究 [M].

北京：社会科学文献出版社，2020（2）.

[54] 渠长根，王静. 新时代高校红色文化育人研究综述 [J/OL]. 浙江理工大学学报，2019（3）.

[55] 李辉，欧阳永忠，葛彬超. 坚持与发展：社会主义先进文化研究 [M]. 北京：社会科学文献出版社，2020（7）.

[56] 张东明. 大力弘扬将革命进行到底的精神 [J]. 中共云南省委党校学报，2018（08）.

[57] 欧庭宇. 习近平革命精神思想的实践积累与时代价值 [J]. 关东生社会主义学院学报，2020（4）.

[58] 李纪岩，杨伟丽. 红色文化资源的价值意蕴 [J]. 中国社会科学报，2020（12）.

[59] 中共淄博市委党史研究院，中共淄博市委网信办. 淄博党史大事记 [N]. 淄博日报，2021-03-21.

[60] 吴红莲. 浅谈新时代传承和弘扬红色文化的实践与探索 [J]. 中国民族博览，2021（5）.

[61] 曲雪松. 地方红色资源融入思政课教学的实践研究 [J]. 知识文库，2021（02）.

[62] 熊晓琳，任瑞姣. 关于思想政治理论课用好课堂教学主渠道的思考 [J]. 思想理论教育，2018（06）.

[63] 王贞勤. "一马三司令" 抗日留英明 [J]. 党史纵横，2018（6）.

[64] 萧蕙，孟红兵，乔士华. 开天辟地擎伟业 浴血奋斗为信仰 [J]. 山东画报，2016（6）.

[65] 张新强. 山东省沂源县关工委：他的三个决定让贫困学子梦想成真 [J]. 中国火炬，2019（9）.

[66] 尚峰，孙荣光，李振华. 情洒沂蒙 [N]. 中国教师报，2015-09-30.

[67] 王硕. "林业英雄" 心中的绿水青山梦 [N]. 人民代表报，2018-05-03.

[68] 董宝存. 朱彦夫的钢铁人生 [J]. 人民周刊，2018-12-01.

[69] 张志国. "为人民履职, 永远在路上"——轮椅上的"谏言先锋"孙建博 [J]. 绿色中国, 2018 (04).

[70] 姚炎中, 李宏. 封面故事之一——不仅仅是县委书记的榜样 [J]. 21世界, 2014 (02).

[71] 李云舒. 始终当"老百姓的官" [N]. 中国纪检监察报, 2021-05-17.

[72] 王慧. 原山破解国有林场改革困局 [N]. 淄博日报, 2010-03-29.

[73] 王金虎. 六十载种出"绿色银行" [N]. 经济日报, 2018-01-14.

[74] 朱清华. 红色文化资源融入高校思想政治理论课的若干思考——以思想道德修养与法律基础课为例 [J]. 河南教育学院学报（哲学社会科学版）, 2020 (03).

[75] 鲍云飞. 红色文化融入"思想道德修养与法律基础"课教学路径探析——以皖西红色文化为例 [J]. 湖北经济学院学报（人文社会科学版）, 2018 (03).

[76] 杜向辉. 红色文化与高校思政理论课教学的耦合及融入路径——以"思想道德修养与法律基础"课为例 [J]. 佳木斯大学社会科学学报, 2020 (08).

[77] 朱庆跃, 舒毅彪. 论红色资源在高校思政课理论教学中的运用及其路径——以"毛泽东思想和中国特色社会主义理论体系概论"课为例 [J]. 当代教育理论与实践, 2017 (09).

[78] 杨默. 略论马克思主义新闻观对高校宣传思想工作的指导意义 [J]. 传播与版权, 2018 (02).

[79] 顾海良. 高校思想政治理论课"要坚持在改进中加强" [J]. 思想理论教育导刊, 2017 (01).

[80] 宋艳丽. 坚持在改进中加强思想政治理论课教学——学习总书记在全国高校思想政治工作会议上的重要讲话 [J]. 军队政工理论研究, 2017 (02).

[81] 佘双好. 高校思想政治工作的新变化、新观点和新趋向 [J]. 青

年发展论坛，2017，27（01）：16-23.

[82] 欧阳意. 底线思维视域下高职院校马克思主义理论社团微课设计[J]. 广西教育学院学报，2019（04）.

[83] 杨添富. 以立德树人为根本构建民办高校党建工作格局的思考[J]. 新西部，2019（11）.

[84] 乔蕊琳. 做好新时代高校宣传思想工作[J]. 奋斗，2021（01）.

[85] 王桂林，裴清清，陈曦. 新时代高校课程思政与思政课程协同育人探析[J]. 教育评论，2021（02）.

[86] 李玉玲，张建会. 促进高校"三全育人"路径探析[J]. 淮北职业技术学院学报，2021（04）.

[87] 谭琼琼. 推动高职院校党建与思想政治理论课深度融合的路径探析[J]. 湖北开放职业学院学报，2021（06）.

[88] 鄢琴琴. "三全育人"理念下高校思政理论课改革创新的理路探析[J]. 才智，2020（05）.

[89] 高晓妹，路洋，周晓伟. 革命文化在地方高校《形势与政策》的应用价值探析——以安徽金寨红色文化为例[J]. 延安职业技术学院学报，2018（06）.

[90] 张大梁，陈浩，何欢，杨佳. 追梦——我们活在你们的事业里[N]. 巴中日报，2020-04-03.

[91] 习近平. 决胜全面建成小康社会 夺取新时代中国特色社会主义伟大胜利——在中国共产党第十九次全国代表大会上的报告[J]. 云岭先锋，2017（11）.

[92] 常胜. 红色文化资源与高校和谐校园建设[J]. 红色文化资源研究，2016，2（02）：107-112.

[93] 陈小霞. 高校思想政治教育要充分用好地方红色文化——以"常州三杰"精神进校园为例[J]. 湖北开放职业学院学报，2020（08）.

[94] 赵白玉，魏溦. 高职思政课"品观说行悟"五位一体实践教学模式创新研究——以山东商务职业学院为例[J]. 黑龙江教育（理论与实

践），2019（03）.

[95] 石国亮. 破除高校思想政治工作认识和实践的误区 [J]. 中国青年社会科学. 2017（03）

[96] 冯大霓, 张容. 西部红色资源对地方高校校园文化影响的研究 [J]. 凯里学院学报, 2013（08）.

[97] 王芳, 赵莹. 儒家人本思想视野下大学生思想政治教育实效性研究 [J]. 法制博览, 2015（12）.

[98] 杜文彬. 课程思政融入高职公共英语教学的研究与实践——以教学单元"A Brand New Day"为例 [J]. 天津职业院校联合学报, 2021（06）.

[99] 王友明, 张敬玲. 高职院校课程思政的价值内涵、逻辑建构与实践进路 [J]. 职教通讯, 2021（01）.

[100] 敖思芬, 金木根. 红色文化融入大学语文教学存在的问题与对策 [J]. 读写月报, 2020（11）.

[101] 邓静芬. 薄弱学校改进对策初探 [J]. 四川教育学院学报, 2009（02）.

[102] 张瑜, 李素英, 张伟, 臧传锋. "课程思政"和非织造材料与工程本科专业人才培养 [J]. 东华大学学报（社会科学版）, 2018（06）.

[103] 钱允凤. 高职院校行业英语教学如何体现课程思政 [J]. 河南教育（职成教）, 2018（11）.

[104] 李青梅, 刘瑞. 中国传统文化与大学生思想政治教育契合性研究 [J]. 河套学院论坛, 2018（03）.

[105] 陈素红. 论高校"以文化人"的多维路径——以社会主义核心价值观培育为例 [J]. 纺织服装教育, 2017（12）.

[106] 陈如平. 红色研学：构筑中国精神的新途径 [J]. 现代教育, 2018（02）.

[107] 方凌雁. 论红色研学中的革命传统教育 [J]. 中国德育, 2021（04）.

[108] 唐志文. 论革命文化对青年教育不可或缺的意义 [J]. 毛泽东邓小平理论研究, 2020（03）.

[109] 余福仁. 充分发挥党史部门在发展红色旅游中的重要作用 [J]. 教育文化论坛，2011（02）.

[110] 陆庆祥，杨秀珍. 如何做好红色旅游研学基地建设 [N]. 中国旅游报. 2017-09-22.

[111] 殷泓，王保纯，韩秀琪. 花儿为什么这样红 [J]. 发展，2005（10）.

[112] 苑素梅，苗得雨. 融媒体时代高校红色文化传播路径研究 [J]. 黑龙江生态工程职业学院学报，2021（01）.

后记

  为了切实提升高校思想政治教育的实效，向中国共产党百年华诞献礼，淄博师范高等专科学校马克思主义学院教师在完成繁重的教学任务之余，经过不懈努力，《融合与践行——淄博红色文化融入高校思政教育研究》一书，今天终于和大家见面了。本书编写的目的是为了实现将淄博红色文化资源有针对性地向高校思想政治教育转化，帮助学生树立中国特色社会主义信仰，赓续红色血脉，让学生真正将中国共产党百年的风雨历程和艰辛历史"入眼""入脑""入心"，提升学生的思想政治理论素养。

  在本书撰写过程中，淄博市委党史研究院给予了大力的支持和帮助，对书稿内容进行了审读、核定和修改，确保了史料的准确性；学校领导对书稿提出了很多指导性意见。在此，我们向所有为本书出版付出艰辛努力的领导和专家学者表示最衷心的感谢！

  在本书撰写过程中，我们参考和引用了不少教育同仁的宝贵资料，能够列出的，我们已附列于书后，在此谨对前贤时彦一并表示诚挚谢意。由于时间仓促和联系困难等原因，有些资料来不及逐个征求意见，请相关作者及时与编写人员联系，以便奉上稿费。尽管我们做了很多努力，但由于水平有限，书中以偏概全、挂一漏万的情况肯定很多，敬请专家斧正！

本书编写组
2021 年 7 月

图书在版编目（CIP）数据

融合与践行：淄博红色文化融入高校思政教育研究 / 王荣敏等编著. -- 北京：中国书籍出版社，2021.9
ISBN 978-7-5068-8670-3

Ⅰ.①融… Ⅱ.①王… Ⅲ.①高等学校–思想政治教育–研究–中国 Ⅳ.①G641

中国版本图书馆CIP数据核字(2021)第181461号

融合与践行——淄博红色文化融入高校思政教育研究

王荣敏　王　敏　李广志　王延雨　王黎重　编著

责任编辑	姜　佳
责任印制	孙马飞　马　芝
封面设计	范　荣
出版发行	中国书籍出版社
地　　址	北京市丰台区三路居路97号（邮编：100073）
电　　话	（010）52257143（总编室）　（010）52257140（发行部）
电子邮箱	eo@chinabp.com.cn
经　　销	全国新华书店
印　　刷	青岛瑞克印务有限公司
开　　本	787 mm × 1092 mm　1 / 16
字　　数	120千字
印　　张	8.5
版　　次	2021年9月第1版　2021年9月第1次印刷
书　　号	ISBN 978-7-5068-8670-3
定　　价	36.00元

版权所有　翻印必究